张琳 ◎ 主编

北大名师
（第二辑）

北京大学出版社
PEKING UNIVERSITY PRESS

图书在版编目(CIP)数据

北大名师.第2辑/张琳主编.—北京:北京大学出版社,2015.5
ISBN 978-7-301-25646-6

Ⅰ.①北… Ⅱ.①张… Ⅲ.①北京大学—优秀教师—生平事迹—现代 Ⅳ.①K825.46

中国版本图书馆CIP数据核字(2015)第065271号

书　　　　名	北大名师(第二辑)
著作责任者	张　琳　主编
责 任 编 辑	董郑芳(dongzhengfang12@163.com)
标 准 书 号	ISBN 978-7-301-25646-6
出 版 发 行	北京大学出版社
地　　　　址	北京市海淀区成府路205号　100871
网　　　　址	http://www.pup.cn
新浪微博	@北京大学出版社　　@未名社科-北大图书
电 子 信 箱	zpup@pup.cn
电　　　　话	邮购部 62752015　发行部 62750672　编辑部 62753121
印 刷 者	三河市北燕印装有限公司
经 销 者	新华书店
	650毫米×980毫米　16开本　12.75印张　162千字
	2015年5月第1版　2015年5月第1次印刷
定　　　　价	36.00元

未经许可,不得以任何方式复制或抄袭本书之部分或全部内容。
版权所有,侵权必究
举报电话:010-62752024　电子信箱:fd@pup.pku.edu.cn
图书如有印装质量问题,请与出版部联系,电话:010-62756370

序

绛帐春风,作育菁莪。在一百一十七载春华秋实中,北京大学涌现出一代又一代拥有渊博学识、高洁人格、潇洒风度的学者大师。他们秉承爱国、进步、民主、科学的传统,为国家和民族的振兴与繁荣做出了重要的贡献。在漫漫时光长河之中,这些智慧的开拓者与心灵的坚守者踽踽而行,却坚定无比。他们承前启后,循本开源,发掘并留存下最为闪光的隽永财富。在他们的躬耕之下,未名湖畔杨柳依依,芝兰亭亭。北京大学在创建世界一流大学的道路上步履越发稳健自信,滋养并守护着中华民族共有的精神家园。

清泉如许,因其源头丰盈。溯游而上,这方燕园的学术圣土曾孕育且必将继续培养这样的优秀师者。"蔡元培奖"的设置,旨在以北京大学最高教师荣誉评选的价值取向,来树立一种风范、一份精神,让每一位学人与之共鸣,努力去探索学术的无限和价值的本源。

本书辑录的十位学者,是北京大学隆重评选出的第三届"蔡元培奖"获得者:宿白、彭瑞骢、沈渔邨、王恩涌、刘元方、杨芙清、罗豪才、陈佳洱、黄琳、张礼和。

谦谦师者,温润沉静。十位可敬的学者,十段动人的故事。不仅讲述了他们投身学术、捍卫师道、追求真理、奉献家国的广袤胸怀,同时还体现了他们保持初心,坚守信念,于平凡中萃取非凡的大美人格。这样不立文字却直指人心的力量，正是学识与人格双重魅力最好的呈现，也是影响时人、泽被后世的心灵宝藏。

饮其流者怀其源，回望是为了更好地向前。十位学者长育人才、严谨治学的大师之风，必将激励我们更加努力地承担和实现对国家、对民族、对社会应尽的责任，为学术的不断向前、国家的持续发展贡献自己的力量。

于鸿君
二零一五年四月

目　录

宿　　白——此中无限兴　考古可醉人……………………… 001

彭瑞骢——九十载风雨人生路　一辈子医教事业心…………… 015

沈渔邨——严谨治学　仁心仁术
　　　　——以科学精神体现人文关怀………………………… 047

王恩涌——情系山河　桃李天下……………………………… 063

刘元方——勤奋、创新、大视野的化学家…………………… 077

杨芙清——为国奉献　我之所愿……………………………… 089

罗豪才——静于书斋　观至天下……………………………… 107

陈佳洱——本色是书生………………………………………… 133

黄　　琳——静气凌人的控制科学专家………………………… 153

张礼和——在药学路上前行…………………………………… 175

宿 白
此中无限兴　考古可醉人

　　宿白，著名考古学家，中国佛教考古的开创者，中国考古学教育的重要开拓者。1944年毕业于北京大学史学系，后就读于北京大学文科研究所。1983年北京大学成立考古系后任首任系主任。现任北京大学考古系教授、中国社会科学院考古研究所学术委员、中国考古学会副理事长、文化部国家文物委员会委员。他在历史考古研究方面底蕴深厚，著述颇丰，有《中国石窟寺研究》《藏传佛教寺院考古》《白沙宋墓》《唐宋时期的雕版印刷》《藏传佛教寺院考古》《中国石窟寺研究》等。

2013年8月，宿白先生度过了他的91岁生日。先生出生于战乱频仍、动荡不安的时代，一生经历了民初的军阀割据、日军占领时期的统治、国共内战、"文化大革命"，但先生的人生却显得波澜不惊，或深入田野，或埋首书斋，始终在历史考古研究和教学的天地里，求学、治学、讲学，心无旁骛，如痴如醉，成就了一位中国考古学界的"集大成者"和中国现代考古教育的大家。先生的人生，恰如他所喜爱的藏族萨迦格言中的一段话："山间的小溪总是吵闹，浩瀚的大海从不喧嚣。"

倾心史学，投身考古

宿白先生1922年出生于沈阳，"九·一八"事变时正就读小学四年级，少年时代在日本人的殖民统治和教育下度过。先生回忆："日本教师在学校向学生传授日语，我能对付过去就对付过去。在上中学期间，我逐渐对历史、地理产生了兴趣。说起来，这与日本人在东北推行的教育有关。在'伪满'时期，这两门课程就只讲东北，中国的历史根本不讲。他们越不讲，我们越想知道。"这份对祖国的拳拳之情，是宿白先生对历史萌发兴趣的开始。

1939年，宿白先生考上北京大学，1940年入学。尽管因日军侵华，北京大学的教学受到了很大影响，但仍尽力保持着过去的传统。历史课让宿白感到新鲜、充实，"中国史从上古讲到清代，世界史从欧洲讲到美洲，这些知识都是我以前没有接触过的。"北京大学以及当时从燕京大学转到北大来的名师，为宿白开启了历史学的大门。毕业后，宿白先生留在北大文科研究所考古组做研究生，期间不仅专注历史考古学，还涉猎了很多其他专业的课程。"冯承钧先生教我们中西交通、南海交通和中亚民族，我很有兴趣。中文系孙作云先生讲中国的古代神话，容庚先生讲卜辞研究、金石学、钟鼎文。在研究生阶段，我还学过版本目录，在哲学系听汤用彤先生的佛教史、魏晋玄学等。这些外系的课对我后来的工作很有帮助。"宿白先生后来在魏晋考古、佛教考古、汉文佛教典籍目录和雕版印刷方面都有所成就，与当时的博采众学、兼收并蓄有着很大的关系。

抗战胜利后，由于局势的原因，宿白先生暂时在北京大学图书馆工作，恢复文科研究所后，当时的北大考古组主任向达在冯承钧先生的推荐下，将宿白请到了考古组，先生过上了上午考古组、下午图书馆的生活，直到1952年院系调整，才正式来到北大历史系。由于考古学的特殊要求，1950年开始，宿白先生开始进行田野调查和发掘工作，直到暮年身体情况不允许时，才离开了田野。

从20世纪40年代进入北大史学门，先生的一生都奉献给了让他始终兴致盎然、矢志不渝的历史考古事业。

《白沙宋墓》：一种典范

1951—1952年，河南禹县白沙镇准备修建水库，考古工作者对库区的古代遗址和墓葬进行了抢救性发掘，宿白先生主持了三座宋墓的发掘工作。白沙宋墓是北宋末年赵大翁及其家属的墓葬，是北宋末期流行于中原和北方地区的仿木建筑雕砖壁画墓中保存最好、结构最为复杂、内容最为丰富的一处。1954年，宿白先生撰写的考古报告基本完成，同年文化部在北京举办的"全国基建中出土文物展览会"上展出了白沙宋墓的壁画摹本，公开了这个重大发现。

在我国历史考古学草创时期编年分期标准不明确、历史现象及问题多不及深入讨论的情况下，宿白一人承担了发掘报告的编写任务。其间正逢中国高等院校进行大规模院系调整，宿白先生从原北京大学文科研究所调整到新北京大学历史系考古教研室，教学、行政和研究工作集于一身。先生不辞辛劳，排除纷扰，在1954年完成了白沙宋墓报告的编写。具有极高学术价值的《白沙宋墓》于

1957年出版，成为新中国成立后最早出版的考古报告之一，也是我国田野考古纪实的奠基之作。

尽管当时并无先例可循，宿白先生还是以十分明确的编写体例，严格区分了报告主题正文和编写者研究的界限。在正文之外，客观描述墓葬情况的同时，加入了大量考证性注释，这些注释中所论证的对象，经过几十年新的考古材料的验证，证明几乎都是正确的。《白沙宋墓》一书中的论述至今仍受到学术界的重视。

成书近六十年来，《白沙宋墓》已经成为考古发掘报告的一种典范。而其中所体现的先生的治学方法与风范也对后学产生了积极的影响。曾任中国考古学会理事长的考古学家徐苹芳曾在《白沙宋墓》再版时写道："重读《白沙宋墓》，使我体会最深、获益最大的是对宿白先生治学方法的认识。宿先生治学方法的精髓是'小处着手，大处着眼'。所谓'小处着手'是指微观，'大处着眼'是指宏观，也就是微观和宏观的有机结合。治学要从微观做起，搜集史料（包括考古学的和历史文献学的）、鉴别史料（史料的真伪和来源）、利用史料（指尽量利用第一手史料），并在最大程度上获得接近于史实的完整史料，去粗取精，抓住历史事物发展的规律，实事求是地研究和阐述与当时社会历史有关的重大问题，这便是宏观的研究。微观是学术研究的基础，微观研究做得愈细致愈扎实，宏观的研究也就愈可靠愈接近史实。这两者是相辅相成的关系。做微观研究很辛苦，要一丝不苟，求全求备，来不得半点马虎，稍一放松便会有所失误。做考古学的微观研究，其基础在田野考古上；历史文献对中国历史考古学来说，与田野考古同等重要，不可偏废。"宿白先生的《白沙宋墓》正是这样一部"微观"与"宏观"相结合、"实物"与"文献"相结合的力作。

从云冈到龟兹：宿白先生的佛教考古

1942年，正在北京大学就读的宿白先生与同学一起，假期之间游历了山西大同的云冈石窟。云冈宏伟的北魏大佛给他留下了深刻的印象。

正是从云冈石窟开始,宿白先生开启了石窟寺研究的学术之路。1947年,宿白先生参加整理北京大学图书馆善本书籍,从缪荃孙抄《永乐大典》残本《顺天府志》中发现引自元末《析津志》的《大金西京武州山重修大石窟寺碑》一文,文中记录了大同云冈石窟的重修情况,是云冈研究史上当时尚不为人知的文献。宿白先生1951年写成《〈大金西京武州山重修大石窟寺碑〉校注》初稿,结合已有的考古成果,排列出云冈第二阶段洞窟开凿的先后次序及第三阶段终止的年代。又经长达五年的反复修订,发表在1956年第1期的《北京大学学报·人文科学》,一经发表便引起了国内外尤其是日本研究者的广泛关注,也成为宿白先生佛教考古的发轫之作。

由于日本学者早在20世纪初便开始了对云冈的考察和研究,30年代就已有多位学者发表了相关研究文章,并出版了云冈石窟的图录。京都大学的水野清一、长广敏雄在1938—1945年,利用八年的时间对云冈石窟进行了全面的测量、调查和记录,他们的研究成果《云冈石窟——公元五世纪中国北部佛教石窟寺院的考古学调查报告》共十六卷三十二册,卷帙浩繁,代表了当时日本学者研究云冈石窟的最高水平。而宿白先生将文献与考古实际相结合做出的结论,向日本学者的云冈分期方法提出了挑战。

1978年,宿白根据此前的成果,进一步写成了《云冈石窟分期试论》,发表在《考古学报》上。这一系列新的研究结论使日本学者再也按捺不住,1980—1981年,长广敏雄先后在日本《东方学》杂志上发表《驳宿白氏的云冈分期论》、在《佛教艺术》上发表《云冈石窟之谜》,对宿白的研究进行了激烈的反驳,甚至质疑先生采用的文献的真实性。1982年,宿白发表了《〈大金西京武州山重修大石窟寺碑〉的发现与研究——与日本长广敏雄教授讨论有

宿白先生（前排左五）和北京大学历史系考古专业
1952级同学在云冈石窟实习（1955年）

关云冈石窟的某些问题》，答复了日本学者的质疑，也对《大金西京武州山重修大石窟寺碑》的真实性做出了论证。后又通过《平城实力的集聚和"云冈模式"的形成与发展》等文章，进一步阐释了自己的观点。这一系列的研究体现了宿白先生在石窟寺研究上的两个重要特点，也反映了中国历史考古学上的两个重要问题：一是中国历史考古学应如何对待历史文献，二是中国历史考古学应如何运用"类型学"方法。1990年，长广敏雄撰写《中国石窟》一书《云冈石窟（二）》（日文版）中《云冈石窟第9、10双窟的特征》，在其中一个"注"中终于承认："从文献学角度出发，宿白教授的推论当无误，因而分期论也是符合逻辑的，作为'宿白说'，我现在承认这种分期论。"他终于部分同意了宿白先生的观点。对此，已故的考古学家徐苹芳先生有一番精彩的评价："学术的发展和进步，与历史的发展有惊人的相似之处，它是不以个人的意志为转移的。'落花流水春去也',长广教授所代表的中国石窟寺研究的时代已经结束了,以宿白先生为代表的中国历史考古学家所创立的中国石窟寺考古学已经建立。"宿白先生被公认为中国佛教考古的开创者。

从云冈出发,先生佛教考古调查的足迹遍及大江南北,东至辽宁义县万佛堂,西至敦煌莫高窟、克孜尔石窟,南至大理石钟山石窟,对国内主要石窟都作过测绘或部分测绘、记录和研究,研究领域遍及石窟寺、佛教寺院和佛塔,写下了《敦煌七讲》《中国石窟寺研究》《藏传佛教寺院考古》等皇皇巨著。

考古之路常常充满艰辛。新疆克孜尔石窟是龟兹古国现存规模最大、时代最早的石窟寺,开凿在克孜尔镇东南明屋塔格山的悬崖上,宿白先生曾多次前往考察。1979年的一次田野调查中,先生还遭遇了一次危险。当时先生从两座石窟之间的长方形小窟之间攀岩而过,因为年事已高,脚踩不稳,险些跌落悬崖下的沟底。先生回忆:"因为上了年纪,我没能快速跨出右脚,借势进窟,结果用左脚试着找落脚点找了好多次,幸好最后还是平安跨过了。后来有人告诉我,当地文管所曾经有一位年轻同志,就在跨越这个地方的时候一脚踩空,不幸坠崖身亡。"田野考古中的种种难以预料的困难和危险,从未阻断先生的脚步,耄耋之年还曾带领学生到南京栖霞山石窟和洛阳龙门石窟实习。

筚路蓝缕,开启西藏考古之路

在宿白先生的佛教考古研究中,藏传佛教寺院研究格外引人注目。雄踞高原的西藏地区,无论自然景观还是文化面貌,在中国的土地上都独树一帜、别具风情,神秘而迷人,始终吸引着世界的目光。近代意义上的西藏考古工作是从欧洲人开始的,意大利人朱塞佩·杜奇(Giusepp Tucci)自1929年至1948年曾八次入藏调查寻访，搜罗了大量文物，也出版了相应的研究著作。尽管这些工作具有开创性的意义，但在专业性、系统性和深度上都有相当的欠缺。新中国成立后，随着国家的统一，对不同地区和不同民族文明进程、历史记忆与文化遗产的关注，促使人们把目光再次投向西藏。对西藏自治区境内的文物古迹进行综合性的调查，早在西藏和平解放之初便已经列入党和国家的宏观文化规划之中。

1959年，中央文化部组织了专门的西藏文物调查工作组，入藏开展工作，宿白先生即是其中的主要成员。6月—11月间，文物调查组乘汽车从藏北进藏，途经藏北、拉萨、山南、日喀则等西藏大部分地区，行程数万里，时间近半年。宿白先生回忆："我身体健康，没什么高原反应，吃住和行动都能适应。解放军把寺庙的钥匙给我们，用专车拉着我们到处跑，愿意上哪儿就上哪儿，所以工作效率很高。"当时调查组成员每人一部照相机，宿白先生拿的是一台"莱卡"机。调查期间大家拍了大量照片。除了照相，每个人都做了大量笔记。宿白先生还用日记的形式记录了调查全过程。当时，几乎每调查一座寺院，先生都会绘制平面图和立面草图，保留了大量珍贵的图像资料。关于这些草图，在考古界还有一段传闻：宿白先生当年在西藏调查了大量的寺庙和建筑，条件有限，无法用尺子一一测量。虽是步量目测，却"八九不离十"。据说后来有人用尺测量，发现确实相当精确。先生治学的严谨与田野调查的功力可见一斑。

时隔近三十年，宿白先生受西藏文管会的邀请，于1988年第二次入藏，十余天的短期考察，他痛心地发现，当年考察过的很多寺院已在十年浩劫中被毁。先生决心将两次入藏搜集的资料重新进行整理，对藏传佛教寺院进行考古学的研究。此时的宿白先生已年近七旬，为了更好地掌握和参考藏地文史资料，他在古稀之年开始了这门新领域的学习和研究，参考了大量汉文、藏文和外文资料。北京大学图书馆的工作人员在接受宿白先生赠书时发现，先生藏书中西藏历史文物的一类，大约有260余册，几乎涵盖了2000年之前所有的汉文西藏政教历史著作，都是为撰写《藏传佛教寺院考古》所辑聚的。先生自陈："写（《藏传佛教寺院考古》）的时间，实际也是我读书学习的时间，边读边写。"先生对待学术的严肃、性格的谦逊，在研究中表现出的惊人毅力，令人肃然起敬。

藏传佛教寺院研究所涉及的考古工作在当时几乎是一片空白。宿白先生认识到，自7世纪中叶到20世纪50年代，西藏长期处于政教合一的社会状态，其间的政治、经济、文化、艺术等历史，都在佛寺遗迹中有所反映。因此，对西藏佛教寺院的研究，其意义也就绝不限于寺庙建筑领域本身，也涉及西藏历史的诸多方面。先生的研究，也就格外注意通过对于藏传佛寺的研究，传递更深的历史讯息。例如先生在对拉萨大昭寺第二阶段建筑遗存进行剖析时，发现了11世纪中国内地斗拱的典型样式，从而推断当时的雪域高原就可能已经有内地工匠活动，这些内容在目前发现的任何文字资料中都没有记载。

经过先生近八年的不懈努力，1996年《藏传佛教寺院考古》一书完成付梓。这部著作近30万字，400页，配有数百幅照片和线图。先生用考古学方法把藏传佛教54处寺院、89座建筑进行了分期研究，并按时间顺序画了一张十分详细的藏传佛教寺院分期图，创造性地提出了西藏寺院五期六段的分期方法，并阐明了各时期演变的社会意义。书中的大量草图和照片成为重建修复西藏著名佛迹的珍贵资料。此外，书中还记录了甘肃、青海、内蒙古明末以前和元大都、杭州两地的藏传佛教遗迹的少量资料，对于全面了解当时藏传佛教的分布有着重要意义。这部著作被誉为西藏历史考古学的奠基之作。

宿白先生不仅在学术上为西藏考古做出了历史性的贡献，还一直关注西藏的文物保护事业。2009年，已87岁高龄的宿白先生得知云南德钦古水水电站即将修建，工程可能导致西藏芒康盐井盐田被淹没,一向关注中国文物保护事业、对西藏有特殊感情的宿白先生立即给时任国家文物局局长单霁翔写了一份言辞恳切的信,不仅表达了保护芒康盐井盐田的心愿,还提出了宝贵的可行性建议。这封信引起了国家文物局的高度重视,局长单霁翔亲自带领工作人员来到芒康进行实地调研,听取当地藏族民众和基层文物工作者的意见,最终使这处文物纳入国家保护计划,避免了水电站工程的威胁。芒康,这座茶马古道第一古镇上的千年盐田风景得以延续。

讲台上的一甲子:新中国考古教育的开创者

在宿白先生九秩华诞之际,故宫博物院前院长、吉林大学考古专业创始人之一张忠培这样总结先生为中国考古教育做出的贡献:"宿白先生是北京大学考古专业的一位主要创办人,同时,他也是被誉为'考古学的黄埔军校'的考古工作人员训练班的教学和主要教学管理人员。我国自50年代起参加考古、文物、博物馆和大学教学工作的绝大多数考古专业人员,无不是宿白先生的直接与间接的学生,宿白先生的桃李不但遍布中国大陆,还分布于境外的一些地区与国家。宿白先生是中国大学考古学科教育的开山鼻祖,是中国考古学的杰出的教育家。"

宿白先生在考古学教学岗位奉献的一甲子,为中国考古事业培养了无数优秀人才,可谓桃李满园,一天星斗。曾任中国考古学会理事长,主持过北京元大都、金中都,杭州南宋临安城和扬州唐宋城的考古勘察发掘工作,为中国历史文化名城特别是北京旧城大声疾呼的考古学家徐苹芳,是宿白先生最亲密的学生和朋友。在石窟考古、佛教美术领域深有造诣,继宿白先生后成为这一领域优秀代表的马世长,是在宿白先生指引下,走近石窟,走上了佛教考古的道路。守望敦煌半世纪、被称为"敦煌的女儿"的樊锦诗,也正是在参加宿白先生带领的田野实习中,第一次来到莫高窟。

宿白先生和夫人朱明瑞、长子宿志一、女儿宿志丕全家照（1975年）

曾有人这样概括中国考古学教育的发展："中国考古学的大学教育与中国的考古学学术研究发展到今天，追根溯源，一是中国科学院成立了考古研究所，另一是北京大学破天荒地开办了考古专业。"勇开风气之先的北京大学，1922年即在国学门（后改名文科研究所）成立了以马衡先生为主任的考古学研究室，外聘罗振玉、伯希和等为考古学通信导师。1983年7月11日，北京大学校长办公会议决定，考古专业从历史系分出而独立建立考古系，任命宿白先生为第一任系主任，成为北大考古学系历史上的又一里程碑，先生也将自己的一生奉献给了北大考古教育的发展。

宿白先生1948年即开始在北京大学文科研究所考古教研室任教，虽然于1992年退休，却并未因此而远离讲坛，耄耋之年还在为北大考古系的研究生开设课程，并亲自带领学生进行田野实习。2001年，年近八旬的宿白先生为考古系的博士生开设了一门汉唐宋元考古课程，主要讲述唐代张彦远的《历代名画记》，听过这门课的学生回忆："宿先生讲课极为认真，事前都写好详细的讲稿，课上涉及的引用文献，即便是较大段落，也亲自板书，供大家抄录。讲起课来也很和蔼。"宿白先生备课的认真，没有亲临课堂的人也能感受到。近年来，文物出版社陆续出版了宿白先生未刊讲稿，收入了大量的教案、手稿和各类手绘图，先生对待教学的严谨认真、一丝不苟令人折服。

宿白先生重视将文献与实物相结合的学风也对学生产生了深刻的影响。在北大考古文博学院任教的秦大树曾师从宿白先生，在教学中就深受宿白先生这一理念的影响："宿白先生非常重视和善于在考古研究中运用古代文献。他在教授研究生的课程时，便要求学生'听历史系的文献课和断代史课'，一是要'了解历史'，二是要'学会怎么收集和利用文献'。"优良的学风，就这样一代代得到传承和发扬。

宿白先生对待学生治学要求严格，批评从来直言不讳，曾经在给高年级学生开具必读书目时，切中肯綮地指出"大学教育学科越分越细，学生文化素质明显下降"，要注重读书的深度与广度及研究方法；先生对学生的成长又非常宽容，多有鼓励之语，常勉励从事考古的学子风物长宜放眼量："应当把眼光放远一点，我们首要的是学好本领。学习的方面要宽阔一些，因为你将来从事的考古工作复杂多样。其次是做好迎接较辛苦但很有意义的田野的工作的思想准备。不要为暂时出现的出路问题而自找烦恼。"九十岁高龄的宿白先生还殷切寄语青年学生：学生最重要的就是念书，工作以后有的是时间做。要珍惜做学生的时光和机会。

2010年，先生将自己毕生的藏书捐献给了北京大学图书馆，这批藏书以考古、文史为主，不乏稀有的线装书、拓片，截至2010年年底，已捐赠书刊11641册、拓本135份。这些赠书都是先生读过、使用过、批点过并一直在用的，和宿先生的学术人生密切相连，是这位考古大家一生学术工作的积累，伴随和反映着中国考古学发展、涵盖考古学的多个领域且比较系统完整，十分珍贵。2011年，经过各方的筹备和努力，"宿白赠书室"在北京大学图书馆311室正式向读者开放，几千册珍贵的书籍在架供师生借阅。这是宿白先生留给北大的又一笔财富。

宿白先生闲暇时喜欢治印，曾有一方印云："以寿补蹉跎"。先生的一生挚爱考古，潜心学术，著作等身，可谓从无荒废蹉跎，但先生却总是觉得时不我待，在鲐背之年，仍愿继续投身考古学的发展，兴味不减。他至今仍坚持科研、读书不辍，并始终亲历亲为。这是考古学的感召，是教书育人的魅力，也是先生一生为学、为师精神的折射。

先生成就卓著，仰之弥高，常有媒体希望能采访先生，先生总是婉拒，说："我只是一个教员，一个北大的教员。"说到过往的酸甜苦辣也只是一个词——"不苦"。当大家祝贺先生获得"蔡元培奖"时，先生非常谦逊地说："我没有做过什么。"先生之风，山高水长，将一直泽被后学，也将汇入北大学风与师风的长流。

（文/朱亮亮）

彭瑞骢

九十载风雨人生路
一辈子医教事业心

彭瑞骢，1923年8月生于北平，祖籍江苏苏州，中共党员。1940—1944年就读于北京大学医学院医学系。1946年开始，先后任北大医学院公共卫生科助教、讲员，北医党总支书记、党委副书记、党委书记、校务委员会主任等职。他敏锐地观察世界医学界发展的动态，以前瞻性的眼界、缜密的思维，准确指导着北医的发展方向。彭瑞骢积极提倡从哲学的高度来反思医学教育并主持编写了《医学辩证法》教科书，也为北医的重点学科建设和前沿学科发展倾注了大量心血。他是北医人爱戴的老书记，也是一位享有社会盛誉的医学教育家、中国卫生事业推进者。

北医百年，彭瑞骢九十岁。

他人生中的七十余年都在北医度过，北医既是辛勤培育他的母校，也是他奋斗拼搏的事业。

1940年，彭瑞骢考入北京大学医学院医学系，从那时起便与北医结下了终身之缘。他由一个追求真理、热爱祖国的热血青年成长为一位政治素养成熟、领导才能出色的校党委书记。人们称他是"北医的活字典""北医的舵手"，这反映了北医人对这位北医历史见证人的热爱和尊敬。

北医百年，与国家共命运，与民族同兴衰，与现代医学在中国的发展紧密相连，与人们的生命健康息息相关。

而彭瑞骢的革命经历、奋斗历史，既和祖国的建立、发展时刻相随，也与北医的改革、建设、发展同呼吸共命运。

回首峥嵘岁月，依稀可见战争的硝烟、运动的狂热和发展的生机，这百年的时光沉淀出的是跌宕起伏的时代缩影，也是彭瑞骢不平凡的人生。

书香门第身

彭瑞骢祖籍江苏苏州。彭氏自明初由江西移徙苏州，到清代前期发展成为科举世家，出过十四位进士、三十一位举人。这个科甲鼎盛的望族有自己独特的家学与重教好学、朴素节俭、乐善好施的家风，家族内拥有义庄、义田，专门资助族内子弟教育。苏州的十全街至今还保留着彭氏的部分故居，门厅挂着"祖孙会状"的匾额，左右立有一副雕刻楹联，上书"昭代科考第一家""人间文福无双品"。

彭瑞骢的父亲彭望恕在清末最后的"洋科举"考试中考取举人。参加朝廷留学生考试后，在清廷任职。辛亥革命爆发，清朝灭亡，他又在民国政府农商部任职，曾负责编辑政府的《农商公报》，并有《农业政策、殖民政策、交通政策》等书问世。最后任教于北京大学农学院,曾参与编辑各种辞书、字典。

1923年,彭瑞骢出生在北平。母亲顾冰一出身于苏州有名的书香门第,顾氏家族曾在苏州开办过近代早期女校,顾冰一在开明的外婆教导下成为不缠足的新女性,在家族的私塾里还修过英文课程。母亲兰心蕙质、知书达理,非常重视子女的教育。这样的家学传统为彭瑞骢今后的人生和事业打下了坚实的基础。

彭瑞骢(第二排右二)全家福(1948年)

父亲彭望恕根据自己的社会经验,对子女今后的发展均有打算,安排孩子学习实用技术类学科。大哥彭瑞民到唐山交通大学学习土木建筑,后来是北京市政专业设计院的高级工程师,20世纪50年代参加过北京市十大建筑的设计。二哥彭瑞复学海关。在那时候,海关是西方人把持的铁饭碗职业。抗战胜利后二哥去美国哥伦比亚大学读新闻研究生，毕业后被招聘到联合国做同声翻译工作，在《中国妇女》杂志英文版担任编辑，在全国妇联工作期间陪同国家领导人出访，均受褒奖。姐姐彭瑞愈学师范，一生从事小学教师工作。家里安排彭瑞骢学医，也是出于任何时代都要有人看病的实际考虑。

拳拳报国志

20世纪40年代，中国处于日寇侵略、"国共内战"时期，民不聊生，社会动荡。彭瑞骢在北京师范大学附属男附中的中学时代就开始关注社会，关注政局，对国家前途十分忧虑。高中起，彭瑞骢就开始接触进步读物，阅读了大量的苏联小说，如屠格涅夫的《前夜》《父与子》等，书中反映社会变革时期知识分子与社会之间的矛盾，引起了他的思考。

1940年彭瑞骢考入北京大学医学院。1942年班上的金英爱同学从晋察冀解放区回来后告诉大家许多解放区的见闻，同时又介绍《新哲学大纲》《资本论浅说》等进步书籍给彭瑞骢读，通过长期接触进步读物和受进步同学的影响，他希望参加抗日斗争、追求真理、向往革命的心情越来越迫切。

1944年彭瑞骢跟几位同学在春节过后历经艰难到达了阜平解放区根据地。他目睹了中国共产党领导的抗日根据地的蓬勃生机，被深深震撼。从阜平回来后，由金英爱介绍，彭瑞骢于1944年3月正式加入中国共产党。

太平洋战争爆发后，抗日战争也出现一定转机。1943年年初，中央同意在晋察冀边区成立城市工作部，由刘仁任部长。在刘仁的领导下，晋察冀分局城工部在城市的工作得到迅速发展，大批爱国知识分子参加革命，成为党的秘密工作者，彭瑞骢就是其中的一员。1944年7月，彭瑞骢由北京大学医学院毕业，考入北京中和医院（现在的北京大学人民医院）做内科实习医生。以医生为职业，从事地下工作是当时城工部的需要，1945年他转移到开滦矿务局医院做住院医师。做医生期间，彭瑞骢先后得到钟惠澜、朱宪彝等名家的直接教导和严格训练，培养了他治学严谨、严肃、严格的学风，以及不知疲倦的工作作风。

1945年5月彭瑞骢被刘仁召回晋察冀解放区担任交通员，主要任务是往返于解放区和国统区之间，传递信息和执行相关任务。彭瑞骢面对国民党士兵的机枪、大棒，凭着机智和冷静，完成了多项重要任务，并经常为解放区运送花生、白面等稀缺物资。

1946年6月，上级决定让彭瑞骢回到北京大学医学院担任公共卫生科教员。同年12月，医学院成立了中国共产党第一个教师支部，彭瑞骢任书记。他在林宗扬、严镜清教授的领导下，从事教学和研究工作，开展了部分北医宿舍学生斑疹伤寒的流行病学研究（鼠源型），还研读了一些关于中国乡村卫生建设的专著，以及定县、璧山县卫生实验区的报告。1947年6月2日，他与方亮教授、王光超教授、王锦江同学等人商议，先从每人月工资中提出5%作为开始活动的经费，在京西公主坟附近什坊院村的一个农场的大厅里，办起了什坊院保健院。每周四下午及星期日全天，由北医师生轮流来为附近农民义诊。1947年暑期、1948年寒假，方亮与彭瑞骢等先后带领三批同学在此防病治病和进行入户调查，了解农村卫生情况。据近20个村庄、2000余户约1万余农民的调查结果提示：这里是甲状腺肿的高发区，患疥疮等皮肤病的也不少，婴儿死亡率高得惊人。除了病痛的烦扰，农民的生活也十分贫苦，几口人过冬只有一床破棉被。教学相长，在这革命与公共卫生专业结合的实践中，彭瑞骢更坚定了为大多数人服务的理念。什坊院保健院的活动，使北医的进步学生走出校园，深入社会，转变了思想，毅然地走上了革命道路。对学校"坚定正确的政治方向、严谨求实的治学态度、热忱献身的服务精神"校风的形成，起到了积极的奠基作用。

北平临近解放前夕,彭瑞骢从参与建筑施工工作的大哥彭瑞民处获得了北平城墙的防守工事构造图等重要情报,将其传送上级,为北平解放积极做着准备。1949年1月,彭瑞骢站在北医的队伍里欢欣鼓舞地迎来了北平的和平解放。同年2月,统一的中共北京大学医学院党支部建立,彭瑞骢被选为解放后第一任党支部书记,后改任北京大学党总支组织部部长。1949年2月28日,北京市军事管制委员会文化接管委员会正式接管北京大学。5月4日,北京大学校务委员会成立。由军管会任命胡传揆、严镜清两位教授为北京大学校务委员会委员,胡传揆为医学院院长,彭瑞骢为医学院秘书。从此,"彭秘书"成了北医方方面面的小当家。

初探建设路

新中国成立后,国家百废待兴,急需医药卫生人才。大力发展医药事业成为当务之急,北医的发展就此展开。但此时学校规模小,办学经费严重不足,设备陈旧简陋,长学制致使培养人才速度太慢,种种原因并不很适应新中国建设事业的发展和人民日益增长的需要。

1950年1月4日,北大医学院划归中央卫生部管辖。3月,经中共北京市委批准,医学院建立党的总支部,由中共北京市委组织部直接领导。9月总支委改选,彭瑞骢当选为总支书记。

1952年,全国进行院系调整,北京大学医学院脱离北京大学,独立建院。作为总支书兼任学院秘书的彭瑞骢身负重任,夜以继日地为北医的建校和发展奔忙着。

高校之本在于教师和学生。有好的老师,才能教出好学生,好学生走上社会得到承认,才能为学校赢得好口碑,好的学校自然就能吸引好教师、好学生加入。彭瑞骢认识到"好老师—好学生—好人才—好成果—好老师"这种良性循环的重要性，开始把建校的重点放在吸引优秀人才上。他抓住北医转归卫生部管辖的时机，带领北医众人四处奔走，克服重重困难，争取到了800个编制；同时，1950年卫生部拨给北医的1000万斤小米，再加上大家费尽心力增加建筑数量，学校逐渐开始有了硬件条件的积累。经过多方共同努力，北医吸引了一批知名专家和留学英才加盟，如药学院的章琦、诚静容，临床的张丽珠、李家忠、王叔咸、马万森等。1953年，原有七年制医学系的学生将进入第七年的学习和分配，彭瑞骢等就设法为他们开办了三期高级师资进修班，还吸收了部分外来学员，按医、药、卫生专业教师的要求，进行一年培训后大部分留校担任教师，或分配全国。又从应届毕业生中挑选优秀学生留校任教。1952年7月，全院教职工猛增至1382人，其中教授41人，副教授26人，讲师50人，助教211人。北医汇聚了一大批中国当时最好的教授、名医，由此组成了一支老中青结合、具有较高医学理论和专业技术水平、热心为新中国医学教育事业服务的师资队伍。每每回忆起来，彭瑞骢感慨道："正是上述这批专家、教授和青年教师们，以及后勤、建筑、技术人员，为北京医学院的建设和发展，为新中国的医学教育事业作出了贡献！"

为了适应学校的发展和党的建设需要，经批准，1954年11月27日，北医成立党委。1955年4月，北医第一次党代会隆重举行。曲正为书记，彭瑞骢等任副书记。并经中共北京市委批准，建立了党的领导小组，曲正为组长，成员有阎毅、马旭、彭瑞骢等，领导学校工作。1956年正式确立北医党委对学校实行全面领导。1956年4月，毛泽东同志做了"论十大关系"的报告，再次强调贯彻知识分子政策的重要性，并提出了繁荣科学文化事业的"双百方针"，要调动知识分子的积极性，向科学进军。北医院党委积极贯彻中央知识分子会议精神，彭瑞骢与主管业务的院领导深入课堂、实验室、研究室，向专家学习，提升专业知识、熟悉业务工作规律，为做好管理工作创造条件。特别是当时中央领导鼓励作为管理者的领导，有条件的也应攻读副博士学位，对此彭瑞骢深以为然："回想自己刚从北医毕业后，就在钟惠澜教授指导下做临床医生。钟教授强调临床实践的重要，给我压担子，要我管十多个病人，并要求病床周转快，病人住院不到两个星期就得出院。遇到要抢救病人时，更忙得上下楼梯时还得拿着手摇机数病人的血球！开夜车，结合病人实际情况进行学习，准备教学，是家常便饭。从事医学教育而自己不了解医学是不行的，要真正了解医学，必须通过自己亲身实践，才能真正懂得哪些是重要的。"认识到知识的重要性，彭瑞骢决定选择一门专业系统学习。考虑到原来从事的公共卫生学必须经常到现场调查研究，自己身为医学院领导之一，难以做到这一点，便选择了学习生化专业。他通过听高级生化课、做生化实验等，积极学习专业知识，深刻体会到："作为领导，如不深入学习有关专业知识，那么做管理工作就难以恰到好处。"

中央知识分子会议精神激发了北医教研人员和青年学生向科学进军的热潮，北医科研工作全面开展起来。特别是广大青年科技人员，纷纷制定红专规划和向副博士进军的努力方向，积极参加科研工作。为此，彭瑞骢等及时组织包括马文昭、臧玉诠、刘思职、林振纲、沈寓淇等教授在内的专家小组，对各科室的长远科研规划和1956年具体科研项目进行了审查，并特邀苏联专家费德罗夫参加，最后确定了108个科研项目，作为全院1956年科研计划，上报卫生部。虽未全部落实，但全院科研工作大有进展。到1957年上半年，全院共完成论文130余篇，包括基础、临床、药学、卫生学等方面。

北大医学院建院之初大力发展学校建设和基础学科，但对附属医院的建设没有经验，重视不够。1958年卫生部将人民医院、中央直属的平安医院和北京市第七医院划拨给北医做教学医院，这样北医才建立起完整的教学和临床体系，建立了培养一个合格医生应具备的硬件体系。同年，在彭瑞骢等校领导的组织下，学校决定从北大医院每个科室抽调3—4名骨干医生组建北医三院。这一时期，北医建立了"三基、三严"制度（"三基"即基本理论、基本知识、基本技能，"三严"即严肃的态度、严格的要求、严密的方法），注重住院医师培养，建立了骨干团队。同时，对学生的思想教育主要体现在走基层：在暑期下乡考察，组织抗梅队（治疗梅毒），到青海、内蒙古进行社会实践。

彭瑞骢带领北医人在基础条件有限的情况下积极探索医学教育的创办模式，北医在大家的奋斗中茁壮成长起来。

艰难浩劫时

20世纪50年代的中国是一个各种运动此起彼伏的时代，对知识分子的学习、改造运动几无停息。"三反""五反""批评胡风"和"肃反""反右"继而又开始"双反"，在北医的历次政治运动中，彭瑞骢都是领导北医党委负责人之一。他在频繁的运动和激烈碰撞的思想矛盾中苦苦艰难地进行着学校的建设，有过失落，有过迷茫，也有过失误。正当他努力研究医学教育的特点和规律、探索如何加强党对工作的领导、保证学校中心工作顺利开展的时候，北医进入了60年代，"文化大革命"如暴风骤雨般袭来。

1966年"文革"开始。运动从思想文化领域的"破四旧"开始很快就发展为"踢开党委闹革命"的夺权斗争。随着北京市委的倒台，北京各级机构相继瘫痪，北医也不例外。看着社会动荡、国家无序，彭瑞骢心急如焚却无处使力。没有了上级党委，也就无从知道党和国家的指导方针，他只能每天骑车到北京大学、清华大学、北京钢铁学院（现为北京科技大学）和北京航空学院（现为北京航空航天大学）看大字报，这成为他了解社会最新动态的唯一来源。

同年5月，卫生部工作组进驻北医，宣布接管北医党委。6月13日针对彭瑞骢的第一张大字报出现在北医校园里。6月19日卫生部工作组宣布正式对彭瑞骢进行隔离审查，将他定性为"敌我矛盾"，并被管制起来，他成为北医第一个被揪斗的对象。他被安上了"黑帮分子""日本特务""走资派"等罪名，重要原因之一是新中国成立前，地下革命斗争中他与刘仁的关系。从此，彭瑞骢开始了8年的审查、劳动改造生涯。

1968年，"人民解放军毛泽东思想宣传队"和"首都工人毛泽东思想宣传队"进驻北医。同年9月8日，"北京医学院革命委员会"成立，开始了"斗、批、改"。每个教研室开批斗会议，彭瑞骢都是主要的靶子，学生开班会，也要拉他当批斗对象。运动初期，他真诚地检查自己，从灵魂深处剖析自己是否正确地执行了党的路线、方针、政策。可是斗争逐渐升级，批斗内容波及愈广，甚至涉及人身攻击，有时一天就要遭受三次批斗，彭瑞骢的身心受到了严重的伤害。为保持自己的精神面貌，彭瑞骢不间断地早起学习和锻炼，却被说成是向群众示威，他只得苦笑说："同样一件事情，你所站的角度不同，得出的结论会完全不同。对人必须全面了解，正确分析。"

1966年9月，彭瑞骢第一个"走进"北医的"牛棚"——实验动物部，彻底失去人身自由，不允许上班也不能回家。同住"牛棚"的还有刘波、吴静、马旭、王悦玲、刘琦、金宝善、朱章庚等北医党委常委及知名教授。那时彭瑞骢白天被批斗、进行劳动改造、学习革命文章，晚上回到"牛棚"就读书、思考，为此他将自己北医宿舍的书都搬到了"牛棚"。从1966年9月到1969年9月的一千多天"牛棚"生活，看书成了彭瑞骢度过苦难时光的唯一乐趣。

1969年9月，彭瑞骢被下放到江西永修北医的干校劳动改造。在干校劳动时，他的特点是能吃苦耐劳。人们说他是"早出晚归，什么脏活、累活都抢着干的人",他"扛大个"背大米,一背就是240斤。干校的生活枯燥疲惫,但彭瑞骢却努力找寻些许的乐趣。他借来《鲁迅全集》认真研读,也通过看同班的铅印厂工友们对弈学会了下围棋。

1972年冬,江西干校关门,彭瑞骢与其他下放劳动者一起搬到了河北省的茶淀农场继续劳动。作为"五七战士",他被安排到茶淀的河北槐店村插队,与当地的村民同吃、同住、同劳动("三同")。原本只会做教育的他在茶淀学会了赶大车、耪地、把麦子、抡钐镰,缺衣少食的生活他并不觉得难过,但工资被扣发、无法接济家中的父母妻儿却着实让他感到了生活的艰苦。彭瑞骢的母亲、岳父岳母相继在"文革"中去世,妻子也受到挂牌批斗,四个年幼的孩子因为父母的"走资派"身份备受欺辱,这些让他看在眼里却无能为力,痛在心头。

"文革"末期,国家决定招收"工农兵学员"后,陆陆续续有一些教师离开,因为学校缺少教员,彭瑞骢也开始有机会回家探亲。1974年春,北医组织通知彭瑞骢回北医医教组上班。

经过八年的审查、下放劳动,经历了家庭的巨大变故之后,彭瑞骢终于又回到了北医这片他深爱的热土。

发展改革风

"文革"结束,国家百废待兴,北医也是如此。

在那八年,彭瑞骢虽然深受身心的折磨与痛苦,却没有一刻放弃思考。他反复回顾,认真思量,彻底破除了个人崇拜,信念更加坚定。同时,他认识到知识和知识分子的重要性,认识到了独立思考的重要性。

1975年,彭瑞骢作为党委书记开始在北医主持工作,逐步落实知识分子政策、拨乱反正,用了近三年的时间,使北医的医、教、研工作逐步走向正轨。1976年在担任北大医院党委书记的工作同时，上级要求彭瑞骢回到北京医学院主持工作。那两年，上午彭瑞骢在北大医院安排医、教、研的工作，午饭后他又骑车到学校，体力、心力都付出很多。

在主持北医工作后，彭瑞骢反复思考如何建设北医，北医的发展目标和发展方向是什么，北医要达到以及可能达到的高度是怎样的，这些问题始终在他脑中。

经过"文化大革命"的浩劫，当时北医最严重的问题是人才的青黄不接。如何抓住改革开放的大机遇，迎接挑战，促使北医发展，尽快培养人才，成了当务之急。

1977年7月15日，中共中央党校的《理论动态》创刊第1期刊出的《"继续革命"问题的探讨》，提出了社会主义改造基本完成后，继续革命的主要内容应是文化、技术、生产力的革命。这是理论上拨乱反正的第一个行动。在全国范围内开展"什么是检验真理的标准"的大讨论中，彭瑞骢带领北医人积极参与。

1978年4月，彭瑞骢作为北医院党委副书记参加了全国教育工作会议，会议彻底否定了"四人帮"的"两个估计"，再次肯定了知识分子是劳动人民知识分子。他回到学校传达了会议精神，为北医广大知识分子摘去了"资产阶级分子的帽子"，并积极投入了平反冤、假、错案的工作。只要是他参与领导或做过的错事，不论自己是否担任了"主角"，一律不予推诿，逐一认错改正，赔礼道歉。彭瑞骢责己也严，待人以宽，他以亲身受过磨难人的真情实意，向一个又一个蒙冤人道歉，安抚他们心中的创伤；又能豁达大度地对待曾在运动中错误地对他进行攻击诽谤的人，令人折服；更能以一个共产党员应有的气魄，心地坦荡，有错即改。他对1957年错误的政治路线造成的冤、假、错案，都一一妥善处理，予以平反。这一切，都为北医的复兴和再度辉煌，创造了必要的条件。接着，学校通过评定技术职称，晋升教授30名，副教授60名，讲师、工程师、助理研究员等 684 名，使知识分子的学术业务水平和从事专业工作的能力，得到了政府和社会的承认，极大地鼓舞着知识分子发挥专长，提高教学、科研和医疗质量。

经过 1977—1980 年三年的调整、整顿，1980 年 9 月，北医召开了第六次党代会，会上彭瑞骢代表党委做了工作报告。报告中回顾了"文化大革命"对北医的严重破坏，肯定了调整、整顿所取得的成绩，根据中央对重点高等学校的要求，明确提出了北医的发展方向是：稳定办学规模，以提高为重点，把学校建设成为教学中心、科研中心和医疗中心，把北医建成我国医学教育的最高学府。在 80 年代，努力使大学生的培养质量尽快达到世界先进水平，尽快培养出相当数量的硕士生、博士生和专科医生。报告强调，要发挥北医基础医学学科较强的优势，提高临床实验研究和预防医学的水平；加强社会医学、卫生管理学、医学教育和医学辩证法等学科的研究；对临床教学、临床实验研究，以及正确处理医、教、研的关系和加强政治思想工作等问题，提出了要求。大会选举了新一届党委成员，经中共北京市委批准，彭瑞骢为党委书记。这次党代会标志着北医拨乱反正结束，迎来了建设现代化的北京医科大学新时期。

1980 年的彭瑞骢，经历了"文革"前十七年参与北医党政领导办学的锻炼，又在十年的"文化大革命"中，学习了大量的理论和哲学书籍，经过磨炼和反思，他用中国传统的文化"辩证"审视过去的同时，又锲而不舍、学而不倦地注视着世界医学科学发展的动向。他触摸着时代与科学发展的脉搏，以科学与哲学的思考，琢磨着如何规划未来，推进北医的复兴。

作为对北医进行全面领导的党委书记，彭瑞骢强调："作为学校的主要领导，党委书记的职责是要带领学校把握发展的方向，按照医学院校医、教、研特殊的规律办事。凡是涉及学校发展的重大决策，都要进行论证和集体讨论；主要抓自身建设和思想政治工作,为学校医、教、研的中心工作提供保证;要认真做好组织工作,为医学教育事业培养干部和后备人才。要能总揽全局,包括政治、经济、环境和单位情况,还要知人知己,知人善任,才能决胜千里之外。特别是在竞争、发展中要取胜,必须要有设计思路,既要回顾过去障碍前进的是什么,又要考虑切入点是否正确、能否持续发展。要以思路取胜,决策对了,不走冤枉路,发展就快!"他从"文化大革命"前有关四个现代化建设规划的科研十年赶超规划中吸取经验,明确了学科建设的必需,分别予以落实与支持。

彭瑞骢出席"北京医科大学、美国疾病控制中心合作意向申明签字仪式"(1998年6月)

彭瑞骢认为:要全面考虑,提高医、教、研、人才队伍以及实验室的质量水平,立足国内,走向世界,而决不能满足于占国内领先地位。为此,首先要派遣教师出国进修学习,使他们先得到提高。经党委决定、院务委员会多次讨论,立足全院的学科建设和发展、教研室的建设和梯队培养,选拔大批业务人员出国进修。至1991年,先后公费派出1000多人次分赴美国、英国、法国、德国、日本、加拿大、澳大利亚、瑞典、瑞士、比利时、挪威、丹麦、荷兰等国以及香港地区学习进修。进修的专业包括生物化学、分子生物学、肿瘤的生化、免疫和病理、生理学、药理学、免疫学、毒理学、环境保护学、药物化学、内科心血管学、儿科学、妇产科学、血管科学、肾病学、口腔医学、流行病学、卫生学、卫生统计学、卫生管理学及德语、英语、医学教育管理等近60个学科。当时北医对出国人员的基本要求是：主要了解本学科的现状、发展趋势、学习先进科学技术和实验操作方法。临床科室人员进修的重点是临床实验室研究的先进技术方法和诊疗技术。对照国内外的差距和发展趋势，对出国人员还须知人善用。如对有些学科如心血管外科，须跨系、跨医院组建配套团队，出国学习完整的成套技术。绝大多数出国进修人员不负众望，学成回国后，发挥专长，对学校的学科建设、师资队伍的培养，以及对医疗改革和教学、科研、医疗质量的提高，都起到了很好的作用。作为学校的主要领导人，彭瑞骢还抓住一切机会，注重培养卫生单位的领导人，如他在国际交流中，争取到了美国凯洛格基金会一个历时3年的国际卫生项目，派出王德炳等3人参加到这一由18个国家29名成员参加的国际卫生领域领导层开发项目，日后这些项目的参加者均在不同的岗位上为医学教育与卫生事业发挥了积极作用。此外学校还派遣部分中老年专家教授到国外作短期考察访问，邀请国外专家来院兼职和讲学，或任名誉教授、客座教授和学术顾问等。据不完全统计，至1991年年底，来校讲学的外国及中国台湾地区、香港地区的专家达4700多人次。

创新实践行

80年代卫生事业的改革兴起，彭瑞骢把握时代要求，积极在北医建设卫生管理学科。为提高与加强卫生行政部门与卫生单位的科学管理水平，彭瑞骢积极按照卫生部的决定于20世纪80年代初在北医筹建卫生管理干部培训中心（现为公共卫生学院卫生政策与管理系），经过三年建设，该中心已设置社会医学与卫生事业管理、卫生经济、健康教育、医院管理、工业卫生管理、人口与卫生法学等6个教学、研究室，教职员近40人，并在国内外聘有兼职、客座教授10余位。在教学方面，具备了从事卫生管理专业大专、本科、硕士学位研究等多层次学历教育和不同层次社会医学与卫生事业管理等专业在职干部培训能力。培训中心建设与发展的关键是师资队伍的建设。对此彭瑞骢十分重视，坚持走理论与实践、国内培养与派出国进修相结合的道路，使培训中心在师资队伍建设方面奠定了一个较为坚实的基础。彭瑞骢教授不仅领导了这个中心的建设，并且身体力行亲自参与其中，他虽身负繁重的学校党政领导工作，但还专门抽出时间为卫生管理专业的本科生、研究生讲授"卫生管理学的绪论""卫生政策"等课程。他积极支持举办卫生事业管理专业骨干师资班，并在举办骨干师资班的基础上，作为主编组织编写出版了《中国卫生事业管理学》，这本书被行政主管部门推荐为卫生管理专业的教材和卫生管理干部的主要参考书，一直沿用至今。

80年代，彭瑞骢第一个把生物—心理—社会医学的概念传播到了中国，指导卫生改革与发展。他说："1946年通过的世界卫生组织宪章开头便写道：健康乃是一种在身体上、精神上和社会上的完满状态，而不仅是没有疾病和衰弱。人们一再强调生物科学对于医学的决定性意义，并且创用了'生物医学'（Biomedicine）这个术语。生物医学模式便成为进展迅速的现代医学的标志和核心。"彭瑞骢运用他渊博的学识，为大家阐明了有关的概念和理论，并积极支持对"生物—心理—社会医学模式"的研究和应用。他指出："生物医学模式是文艺复兴以来，特别是近百余年以来，一系列重大科学进展的辉煌成果，众所周知，从医学本身的发展和医疗保健的客观社会需要来说，在现代工业化社会中，传染病，寄生虫病，营养缺乏病，已经不再是威胁人们的主要疾病，它们在'疾病谱'和'死因谱'中所占的地位已显然不重要，取而代之的是与心理性、社会性因素有关的疾病显著增加。以目前头三位死因的心血管病、恶性肿瘤和脑血管病来说，都包含有心理紧张、吸烟、环境污染等心理社会因素在内。至于公害病、交通事故、自杀、吸毒、酗酒、饮食过度，因犯罪率升高和'家庭瓦解'，以及其他种种心理社会原因引起的心因性疾病的广泛发生，则更主要来自心理社会因素。从整体来说，必须把生物医学模式转变发展成为生物—心理—社会医学模式，从生物、心理和社会学三个方面，而不能从生物学一个方面来研究人类的健康与疾病，以及社会的医疗保健措施。"

他强调：生物—心理—社会医学模式这种现代医学的构成，对于改革医学教育的课程设置，改变医务人员和医学生的知识结构，促使医学联系社会实际，促进卫生管理、卫生法学和卫生经济的研究，都有着重要的实际意义。实践证明，改革开放以后，北医心理学、社会医学与卫生事业管理、医院管理、健康教育、卫生法学等教研室的建立，以及社会科学与人文科学部的设置，都体现了彭瑞骢等北医人积极的理论思维，促进了医学相关学科的发展。现在生物—心理—社会医学模式已在人们心里扎根，而且愈来愈广泛地应用于医疗卫生保健事业的改革，对提高医疗质量和加速临床医务人员的成长，起到了重要作用。

新中国的卫生建设始终坚持了面向大多数人的方针，把卫生工作重点放到农村，取得了显著成绩，为国际所公认。但是，改革开放以来，东部与西部、城市与乡村之间的社会与经济发展拉开了距离，一度缩小了的差距又有扩大的趋势。这个差距，在健康水平和享有卫生保健方面也十分突出。在卫生建设方面如何做到公正，以及防止差距的进一步扩大，就成了一个十分重要的问题。同样，这一问题也始终困扰着国际社会，并带来了挑战与机遇。20世纪80年代以来，世界卫生组织大力推行1978年阿拉木图会议所通过的"2000年人人享有卫生保健"的宣言，以解决全球存在的"卫生有"与"卫生无"的这种不公正的状况。1982年起，彭瑞骢多次参加了世界卫生组织与国内合作举办的"人人享有卫生保健"的规划研讨班和有关活动：1985年，他随陈敏章部长参加在前南斯拉夫召开的有关"人人享有卫生保健领导层开发"的研讨会、1986年在印度召开的有关领导开发的"智力资源"研讨会、1986年在日本召开的医学教育调整方向（面向初级卫生保健）的研讨会、1987年在日本召开的技术转移（最发达国家向发展中国家）研讨会、1988年在苏联召开的阿拉木图宣言十年总结，以及1988年在日内瓦40届世界卫生大会召开之时的专家讨论会——加强对初级卫生保健的领导。彭瑞骢根据这些会议精神，结合我国实际情况，为在我国推行初级卫生保健做了大量工作。如受卫生部的委托，1986年在北医成功举办了"实现人人享有卫生保健领导干部研讨会"。与会的有世界卫生组织的官员，介绍泰国和南斯拉夫的经验；有北京、黑龙江、山东、湖北、安徽、江苏等六个省市政府负责人（副省长或秘书长），各省的医学院院长、公共卫生学教授、省卫生厅厅长、医政处处长、省卫生防疫站站长、县长、卫生局局长、县医院院长、县卫生防疫站站长等参加。通过五天紧张的讨论，既使与会者提高了对初级卫生保健的认识，又及时吸取了国际上加强领导的经验，提出了实施方案，成为在我国推动与实施初级卫生保健的一个里程碑。

医学辩证法

恩格斯说过："一个民族要想站在科学的最高峰，就一刻也不能没有理论思想。"

伟大的实践必须有伟大的理论做支撑。1956年彭瑞骢参加国家制定12年科技发展远景规划中的"数学和自然科学中的哲学问题"的远景规划制定活动，深受启发。

20世纪60年代，彭瑞骢在北医抓科学技术革命，在实践中发现了许多问题，急需理论上的指导，于是他找了冯传汉、李天霖和杜水伯等人，联合撰写了《预防为主的哲学思想》，发表在当时的《北京医学院学报》上，笔名"冯天水"。当时也讨论过临床思维中的"撒大网""大包围"问题，认为这是当前医生的社会责任感不强，直接导致医疗费用昂贵的重要因素，但是彭瑞骢却认为这些现象要提高到理论高度、哲学世界观层面上才能解决问题。于是彭瑞骢萌生了成立一个自然辩证法学习小组的想法。

1957年，由于对哲学、政治经济学、自然辩证法的兴趣，彭瑞骢经常去中国人民大学旁听相关的课程。接踵而至的各种运动和"文革"浩劫无情地打断了他学习的进程，却没有阻止他对事物规律的思考。"文革"中，彭瑞骢学习了大量的理论和哲学书籍，一直用马克思主义与中国传统文化相结合的"辩证"的方法审视过去，关注着世界医学科学发展的动向，琢磨着如何规划未来，推进北医的发展。

彭瑞骢回首建国后北医的曲折发展之路，深深反思：1957年反右派运动的扩大化，一大批知识分子甚至是青年学生，被错划成"右派"。这种不适当的政治干扰必然会给事业发展带来深重的负面影响，而当时自己作为北医的领导人员之一，没有能够顶住来自某些方面所谓的"北医抓不出右派""要在教授里抓大鲨鱼"的压力，对学校学科建设和发展带来了极大的负面影响。最痛心的是自己在理论思维上出了偏差，只"唯书"、只"唯上"，而不"唯实"。寻根溯源，关键在于自己能否按事物发展的客观规律办事，在复杂多变的环境中，善于观察、调查研究、勤于思考与分析，既要敢于领导，又要谨慎决策。

彭瑞骢认为在改革与发展的新形势下，对北医来说，首先要组织医、教、研各科的学术带头人，学习马克思主义理论和哲学，提高理论思维的能力，才能遵循一般学校教育的客观规律性，以及医、教、研各自的客观规律性，做好学术上的"领头羊"。这一举措,受到北医乃至协和医学院的老教授们的拥护和积极参加。彭瑞骢每次参加学习和讨论,也从中得益匪浅。早在1980年,冯传汉教授就提到:"一个学校要知名靠什么?主要靠一批国际上有地位的知名教授(冯教授形象地把他们称作桥牌中的'王牌')和有关学科建设,这需要一个较长时期才能做到,但是当前就必须努力去做,这样在本世纪末,北医才有希望成为世界著名学校。培养中青年一代是当务之急,我们这一代人应考虑的是促使学科走向世界,支持中青年上去,不要考虑自己个人出多少成果,有多大名气,要关心的是学科集体。"而且,冯教授提出:学校教育要着眼于学生的一辈子,帮助其树立良好的思想作风,独立思考的能力。其他"王牌"教授如北医著名的"三王"(北大医院内科教授王叔咸、生理教授王志均、药学教授王序)在学习和讨论中也常会提出一些有利于办学的指导思想,成为彭瑞骢心目中学习医学辩证法、研究医学教育、推动北医医学科学发展的亲密战友和"关键人物集体"的重要成员。

彭瑞骢提出,顺应科学发展的规律,考虑长远规划的设计和进程,要着重调整体制结构与建立持续发展的运行机制,紧抓培养青年医学科学工作者目标,才能达到持续发展的目的。而对北医改革发展中需要解决的问题,还需要从有关学科的现状、科室及有关人员的观念上去分析,从体制和运行机制上去考虑解决问题:如对北医占优势的重点研究所和科室,如北大医院的泌尿外科、人民医院的血液研究所等,必须给以必要的支持。为鼓励广大医、教、研人员攀登医学科学高峰的积极性,彭瑞骢等人又策划、组织在北医设立了桃李奖、名医奖、伯乐奖等奖项,得到了师生的良好反响。

1979年12月,由彭瑞骢等主持、在广州召开的全国医学辩证法讲习会上,来自全国各地积极学习医学辩证法的医学科学工作者们,联系我国现代化的发展方向,从理论上分析和论证了我国中医、西医、中西医结合三支力量同时发展的必要性,并为卫生部采纳。这既纠正了1958年北医在组织西医学习中医的"抛纲"中不切实际地提出的所谓"迅速地做到中西医合流"规划的错误,以及在具体工作上要求过高、过急的缺点,同时批驳了社会上一股所谓"活学活用"式的简单化的"创新医学派"的思潮,使医学科学工作者走向系统探讨对医学具有指导作用的医学中的认识论、方法论的学习和研究。

彭瑞骢在北医第八次党代会上发言(1993年7月)

70年代末,为倡导以马克思主义哲学思想指导医学科学的发展,他在北医政治理论教研室建立了自然辩证法教学组,并亲自给研究生开课。1979年6月,吸收在基础医学、临床医学和预防医学第一线工作的几十位专家教授、教师和哲学自然辩证法工作者,成立全校的自然辩证法研究组,推动了北医自然辩证法的教学与研究工作,同时把它应用于指导教学与科学研究实践。1984年,彭瑞骢主编的《医学辩证法》出版,他在绪论中写道:"医学辩证法是在总体上研究医学科学,在总结医学科学成就、探讨生命活动和疾病过程一般规律的基础上,研究医学科学中的思维方式问题,以及防治疾病、促进健康和医学科学研究中的方法问题"，"医学辩证法是自然辩证法的分支学科，与自然辩证法是特殊和一般的关系。它用辩证唯物主义的观点，研究医学的发展规律和医学工作者的理论思维。"1986年，这本书被卫生部确定为医学生选修课的推荐教材。

80年代中期，吸取我国经济体制改革的经验，彭瑞骢特别注意到了卫生改革与发展总体思路的研究，积极参与卫生改革与发展的活动和研讨。他曾参与并组织过多次有关卫生改革与发展的研讨会，发表过不少有关卫生事业发展战略问题的文章。90年代初，他参加了卫生部关于卫生改革与发展纲要的起草组。1995年后，他积极对《中共中央、国务院关于卫生改革与发展的决定》的起草提出建议。近些年来，他多次参与医疗服务体制改革的讨论，并参与有关的课题研究。他既能从国内外卫生事业发展的历史中吸取经验和教训，又能联系中国实际，从政治、经济、社会、伦理等方面全方位、多角度地考虑和研究卫生改革与发展的思路。他的那些具有全局性、前瞻性和战略性特点的论述深得人心。

伉俪儿女情

彭瑞骢的爱人卜毅出生于北平的一个富裕的大家庭，少时生活优越。在学生时代，她看到沦陷在日寇铁蹄下的人民深受苦难，心中的正义感驱使她积极参加学生运动。卜毅1943年开始参加抗日活动，同年她去了解放区并加入了中国共产党。

彭瑞骢和卜毅是在阜平城工部共同工作时认识的。1946年抗战胜利后他们在张家口再次见面，不久就确定了恋爱关系。当时城工部部长刘仁很关心他们的生活，于是从组织上安排他俩1951年结婚，从此彭瑞骢和卜毅开始了56年的相守。

1953年卜毅调入国务院燃料工业部电力设计院工作。1954年她作为调干生到清华大学读书，毕业后在华北电力设计院担任副总工程师、副院长。这一时期，他们陆续拥有了四个孩子：长子彭军，次子彭红，三子彭小聪，小女彭嵋，一家五口和乐融融。

可彭瑞骢一家安静生活的美好愿望，随着"文革"的开始，像陡然坠落的玻璃球，碎了满地。

1966年彭瑞骢被卫生部工作组定性成"敌我矛盾"后，就被管制起来，不允许回家。而卜毅也受到牵连，再加上抗日时期与刘仁的上下级关系，也被关进"牛棚"达三年之久。无辜的孩子们一夜之间成了地、富、反、坏、右的"黑五类"子女，受尽歧视和侮辱。1969年，年仅15岁的长子彭军被中学安排前往黑龙江建设兵团务农，一待就是8年，把最好的青春年华都献给了黑土地；因为背着"黑五类"子女的罪名，只能干最重的体力活，直到1977年才回到北京。老二彭红1970年到北京油漆厂工作，没日没夜的纯体力劳动也是一干8年。三子彭小聪1975年就到北京延庆插队。女儿彭嵋在"文革"开始的时候刚刚三岁，造反派抄家吓得她直哭。彭瑞骢年事已高的母亲、岳父岳母苦苦支撑着这个风雨飘摇的小家，还要经常受到红卫兵的欺扰，相继在"文革"中去世，彭瑞骢甚至没有来得及送他们最后一程。

卜毅白天被批斗，晚上才能回家尽力保护年幼的孩子们，她在回忆文字中写道：1966年"文革"开始，家庭突变，孩子们不知所措，老大时常发愣，老二扶着外婆的肩诉说没吃没穿，老三从此就没了笑容。小女彭嵋只三四岁，常常被人欺负，被辱骂为"狗崽子"。彭瑞骢也坦言：回顾孩子们的成长历史，他们的童年我忙于北医的建设；他们成长的年代，我被隔离、下放，有十年缺位。等我从干校回家时，三个男孩子已经下乡、工作，只有小女儿在家读书。反思对家庭，对我的母亲，对我的岳父岳母，对我的儿子们，我只有深深的内疚和遗憾，但是时光终究无法倒流。

卜毅在"文革"期间受到了严重迫害，从"牛棚"回来的时候头发已经全白了，精神也受到很大创伤。好在孩子们在"文革"结束后凭借自身的努力纷纷考上了大学，后来又相继出国留学，在各自的领域都有了建树，这让彭瑞骢和卜毅倍感欣慰。

卜毅女士在2007年因病逝世。她生命的最后一年，因脑出血在病床上躺了五个月，彭瑞骢每天守候在病床旁，陪她走完了生命的最后一程。

小女儿彭嵋这样评论自己的父母："母亲的一生，是感性的，敢想敢干，有爱有恨。而父亲则是位哲人，思想家，充满智慧。他的爱表现为他对家人的宽容、理解和支持。他对北医，也可以说对中国的医学界，投入了毕生的心血。为此，他也牺牲了许多小家庭的利益和对我母亲愿望的满足。父亲几十年如一日专心从事北医的建设和发展，他是个善于思考和探索的智者。"

"北医掌舵人"

岁月穿梭，世纪轮回。然而于彭瑞骢不变的是他对医学教育的一腔赤诚，尽管退休多年，尽管年事已高，他的心依然紧紧地拥抱着北大、北医。90高龄的他依然关注着社会，关注着学校，关注着医学的发展，依然不断地学习，思考，特别是对中国医学教育提出自己独到的见解。

2000年，北京医科大学与北京大学合并。那一年，北京医科大学88岁，那一年彭瑞骢在北医工作60年；那一年，作为1940年考入北大医学院医学系的他"转身"又回到了母校——北京大学。

彭瑞骢对于北医人属"高山仰止，望其项背"的前辈，不仅因他的年龄，更因他的思想、人格。他实事求是做事，两袖清风为官。他的精神是一面旗帜。这也是北京医科大学时代人们称他"北医掌舵人"的原因。

历史需后人评说，一个人在社会上的作用大小，自我认知是一方面，而身边的人或与其共事的人去评说或许更加客观。

王德炳（前北京大学党委书记，原北京医科大学校长兼党委书记）：

我作为老彭同志的学生，是在他的教导下、培养下成长起来的。我1955年考入北医，当时老彭是北医党委副书记。1980年他做北医党委书记，一直到1993年。这在全国高校恐怕也没有先例。

老彭同志对于北医的贡献应该是全局性的而非具体的。

第一是明确北医的定位和奋斗目标。在1986年北医第七次党代会上，学校把建设国外知名、国内一流的高层次、多学科的医科大学确定为奋斗目标。老彭跟我们讲，北医不是跟国内竞争，主要是国际上的竞争。我们记住他的教导，一直朝着这个目标努力。

第二是领导班子建设。他一直讲，领导班子建设应该是老中青三代相结合，滚动式地换届：不是说上来一个主要领导，原班子就全部"换血"。这样的指导思想和方针对于北医长期的、稳定的发展具有重要意义。这样北医党的领导班子始终坚持着和谐的民主集中制的气氛，这点对于北医的发展至关重要。

第三是学科建设。他多次强调，北医要有重点学科，同时还应该有一般学科。内科、外科对于医院和医学教育是不可缺少的，一般学科也应该重视。同时还应该有新型学科，有些学科现在看不出来，但它是有发展潜力的。他认为，作为一个大学来讲，重大的教研室或系，或者医院的重大科室，对于促进学校的发展是非常重要的，所以党委要对其加强管理和建设。

第四是重视学科梯队的建设。他始终重视人才的培养，特别是对于学术带头人的培养。老彭和我们经常去学院和二级单位摸底，与各医院院长一起，梳理出各院的学术梯队，做好人才储备，这对北医的可持续发展十分重要。

第五是老彭同志对于医学教育和医学体制的改革有独特的见解。他对我们说，学校的正校长首先要抓医学教育，因为这是全面性的工作，否则他不可能对北医有全面的了解。老彭善于用哲学的思想思考医学教育问题：提出医学的目的是什么，医学发展的方向是什么，进而提出医学和公共卫生学的整合问题，并且前瞻性地提出医学教育与人文教育相结合。在他的领导下，北医成立了社文部（今天的公共教学部前身），这在当时的医科院校是少有的。医院的定位到底是什么？当时卫生部有同志提出医院应该市场化，老彭同志坚决不同意。他认为医院应坚持其公益性而不能市场化。

吕兆丰（首都医科大学党委书记、校长，原北京大学副校长、北京医科大学副校长；北医77级临床）：

从彭书记的九十寿诞会上出来，心里还是很不平静。老书记最后发言，从新中国成立后北医经历的各次运动讲起，说了许多运动中的体会，特别说了许多运动中的教授们和教师们。我不知道别人听懂了没有，我听懂了，我也明白了老书记特别嘱咐我们几个来参加的含义，他想以这样一种形式，嘱咐我们这几个晚辈的"一把手"，在各自学校的教育实践活动中掌握好党的政策！所以我很感动，我为这个老共产党人的一份执著而感动。

听老书记讲话很有意思，得会听，不会听的人听不懂。我第一次听老书记讲话是在我们年级的毕业典礼上，他讲了人才成长的问题，讲了社会责任的问题，我记忆最深的是，他讲到一个学校对学生不仅仅负责一阵子，而是应该负责一辈子，就是教会学生做人、做事、做学问的原则和本领。他讲得很快，跳跃，但是如果跟得上就会感到思路很清楚，问题的论述逻辑性很强，这是我后来捉摸他的讲话后体会出来的，当时是拼命跟着想，没抓住头绪。到我后来工作以后，有机会经常听到老书记的讲话，或者是谈一些问题，这种感受就更深了。老书记并不是把每一个问题的细节都描述出来，点到，剩下的你要思考，然后你就明白了，那真是一种思维的培训。每次听老书记的讲话或讨论问题，都是一种享受般的收获。

有两件事我记忆犹新：

第一件事是，90年代中后期，老书记上班一如既往地骑自行车，而且来得非常早，因为我到校也早，常常在停车时碰到一起。我有时候就说："您这么大年龄了，别骑自行车了，万一磕着碰着就不好了。"老书记笑着说："能骑车就不老，能骑车就不会老。"我听明白了，老书记在告诉我，生命在于运动。后来，有一次老书记确实摔着了，虽然不重，我坚决地请他不要骑车了，也嘱咐校办如果老书记要来学校必须派车接，这大概是老书记不再骑车的时间点。

再有一件事对我也教育很大，那是在90年代末期，讨论北医并入北大的问题，时任国家教委主管副主任要来北医开座谈会，通知我参加。由于我当时作为北医校领导之一，而且从1995年开始我就和北大教务部的同志们合作，所以我就一直想弄清楚并校对北医发展的意义。出了办公楼门，正好看到老书记要走，我就过去问这个问题，他想了想说："学科借力不仅在并校，教育借力确实事在人为。"当时虽然理解了一些，现在过去十多年了回想起来，其实老书记当时就把并校的意义和应做的事点拨清楚了。

李立明（协和医科大学党委书记，原北京医科大学校长助理；北医77级公卫）：

> 华夏中共育精英，国立北大留美名；北医小平滋百感，德高望重有彭翁。年高九秩多阅历，运筹帷幄育人经；学科学术常引领，难得糊涂北医星。（作于贺彭书记九十大寿会现场）

韩启德（北京大学医学部主任、原北京大学常务副校长、原北京医科大学副校长）：

> 高山仰止。彭瑞骢同志在北医工作73年，为北医各时期发展、为北医优良传统的形成，发挥了不可替代的作用。北医人敬爱老彭，以老彭为楷模，热烈庆贺老彭90岁寿辰。祝愿老彭健康长寿。晚辈韩启德。（为彭瑞骢90寿辰题词）

教育一席谈

2013年8月22日，因蔡元培奖，我们来到北京大学人民医院病房采访了尚在住院的彭瑞骢。难得见到老书记，看他精气神尚好，我们与他聊了起来，内容涉及高校改革、大学教育、人才培养、医患关系、个人兴趣爱好等。超凡的记忆力和睿智的思想出自90高龄的老人，让我们叹服！事先没有任何准备，一切了然于心中，刚吃过早饭像小学生一样端坐在小桌前的老书记和我们娓娓道来：

蔡元培先生是现代教育的奠基人，他参与制定了中国最早的教育框架。所谓现代教育，是区别于之前的科举及一般的文化教育。蔡元培先生是典范，是大师。获得"蔡元培奖"这个荣誉必须得配得上才行，从这点来说，我自己所做的微乎其微，尽管在大学工作时间很长，而我直接跟本科生、研究生面对面地教学不太多。得蔡元培奖我很高兴，对我来说是一种鞭策，也是一个总结，也激励我今后继续为北京大学医学教育做贡献。蔡元培老先生对中国教育有很高的成就，北大之所以兼容并包，能够在中国文化建设上发挥重要作用，跟蔡元培先生对北大的办校方针是分不开的。而北医距之有距离，我个人的距离就更大了。

说到大学教育，我个人体会而言，作为大学，特别是医学院校，最重要的是培养出的人才要能够解决本国人民的需要，为老百姓服务；还要在医学发展上做出里程碑式的业绩。当然这是非常难的。

对于大学教育，我是在"文革"之后才有更深一些思考，以前仅仅是很肤浅的认识、朴素的想法，没有系统地研究、考虑过教育在社会发展中的地位、作用等问题。虽然是个教员，但工作还是偏于教学，所以对我们来讲这也是很遗憾的事。人类文化最高的集成、发展地就是大学，教育在社会发展中的地位非常重要，从历史上来看，现代化大学起的就是这样的作用。中国现代化大学应起的作用还很有限，还是在摸索中前行。

中国的医学教育存在的一个很大弱点是对中医研究的缺失。一个国家、民族应该对自己的传统医学进行研究，在此基础上进行发展，而中国的医学教育则完全摆脱了中医的基础，不去研究本民族的文化结晶。藏医用的矿物药多，中医用的中草药多。藏医的经典是《四部医典》，高明的藏医都在喇嘛庙里。现在大家认识到了，中医是中国传统医学一个很重要的方面，是传统医学的瑰宝之一，但是时间已经晚了。

我们现在的医学教育可思考的方面很多，很重要的一个方面是人文教育。大家都讲"医乃仁术"。医学本来就是一个与人类福祉有关的事情，关系到人的生命与健康，医生主要做的是这个事情的一部分，属于生命范畴。现在医学（包括其他很多方面）在人文精神上都有缺失，多把医学当成一门技术来看待，而不是关心人生命健康的职责。医学教育的另一个重要方面是临床教育，而我们在临床技术教育上一直也存在欠缺。我觉得八年制还是适合医学生的。医学教育发展得快，以前医预是三年、四年，现在西方国家是念完一个大学再上医学，有个医学前的教育。原来的"医学教育"就是师傅带徒弟，我们有些医生是正骨、推拿出身，是个技术活，没有科学基础。上个世纪20年代，美国约翰·霍普金斯医学院提出医学要建立在科学的基础之上，是医学教育的一大进步。同样，把毕业后教育纳入到医学教育里，应该说也是一种进步。现在医学教育在临床实践能力方面有加强，是很有意义的。

作为医学生、医生来讲，医乃仁术，无德不医。学校只能教育你认识是非，但是社会太复杂了。你要是想拿学医当敲门砖去赚钱的话，那就别走进来，别来学医，此路不通。对于学校、老师来说，只能这样教育，如果还不行，那就只能像金庸小说里的那样"逐出师门"。我当时对我的研究生说做学问要做好一辈子清贫的思想准备，你如果不想走下去的话，那就提早退出，想发财去做别的行业。在做人问题上我们绝对不能含糊的。

对于特别想做官的人我是很排斥的。你要做官必须因为是想做事而做官。一个人若为做官而做官，那就太危险了。选干部很重要，我的标准就是看你为什么做官。

人才的正向流动是正常的。反之可能要反思我们育人的土壤。

我希望北医办成中国的哈佛。北医如何发展？首先要看领导如何想，领导想怎么发展，这是很重要的。然后是组织队伍，人才是

最重要的。北医想要办成哈佛,任重道远。

我平时爱看金庸小说和卫生政策的相关书籍以及喜欢下围棋。看金庸小说的心得是干什么工作下了工夫会有帮助。《倚天屠龙记》里面最重要的是《武穆遗书》,岳飞布阵,不是单打独斗,得靠团队。因此工作中团队合作很重要。比如一个外科医生的成长,需要其他外科大夫给他提供相应机会,需要老中青相结合整体发展。

我现在对跨学科的研究特别感兴趣,比如卫生经济学,它有好多派,哪一派是正确的,它的系统框架是什么,谁也说不清楚。要把这个问题开放来研究,反而能得到一些结果。做学问和做人都要有一个开放的态度。

我的养生体会,中医养生学包括生理养生和心理养生,心理养生是更高境界的。以出世的精神看待世俗的事,以入世的态度做好当下事。要看破世俗,但还是要做人间之事,还是要为人类谋福利,不要过多考虑个人得失问题。

这就是一个九十高龄的老人留给我们的心得。

(文/龙昊 傅冬红)

沈渔邨

严谨治学　仁心仁术
——以科学精神体现人文关怀

　　沈渔邨，女，浙江杭州人。1924年1月出生，中共党员。1944—1946年在昆明西南联大读生物系。1946—1951年在北京大学医学院医疗系学习。1951年9月—1955年6月在苏联莫斯科第一医学院精神病学教研室读研究生。毕业时获苏联医学科学院副博士学位。1986年被挪威科学文学院聘为国外院士。1997年当选为中国工程院院士。现任北京大学精神卫生研究所名誉所长，曾任世界卫生组织（World Health Organization，WHO）北京精神卫生研究与培训合作中心主任，卫生部精神卫生学重点实验室主任，是中国现代精神病学的奠基人、开拓者之一。

勤奋求学，爱国进步

沈渔邨1924年出生于浙江省杭州市，是在抗日战争、民族解放战争时期成长的青年。父亲为邮政职员。她从中学开始就对获得知识有很浓厚的兴趣。"七七事变"不久，炮火蔓延至杭州附近，父亲随机关迁往浙东。作为初中一年级学生，她随母亲去上海法租界，借住在父亲的朋友家。生活条件虽差，但仍能上学。沈渔邨刚进入高三，"八一三事件"就爆发了，日寇进入租界，她就读的公立扬州中学被迫关闭。为了继续上学，不当亡国奴，沈渔邨跟随母亲在杭州老乡的帮助下，越过日寇的封锁线，经浙东、江西、湖南、贵州，在日机轰炸的威胁下，随着逃难的人群，最后到达大后方昆明。1943年读西南联大先修班，1944年进西南联大生物系。在联大，她积极参加学生进步团体，还在民主革命思想的影响下投入"一二·一"学生运动。1946年夏天，西南联大返回北平后，沈渔邨志愿学医，她选择了北京大学医学院学习，期间她积极参加党所领导的反美、抗暴、反饥饿、反迫害的学生运动。1947年秋经地下党组织决定，沈渔邨撤至华北解放区，次年正式加入中国共产党。新中国成立后，回到北京继续完成医学院的学业。1949年10月1日，游行队伍中的沈渔邨经过天安门时，以无比兴奋和喜悦的心情接受毛主席的检阅，感受到"中国人民站起来了"，没有任何一件事比做一个独立自主的中华人民共和国的公民，更光荣和骄傲。

1951年她获得留学苏联的机会，本来填报志愿时选的专业是"抗生素"，但组织说中国缺乏专门的精神卫生人才，于是她服从安排，攻读精神病学。在苏联学习的机会多么难得！穿着国家发的西服、皮鞋（她舍不得都穿上，还留下了一套新的带回国），常常吃到牛奶、肉饼，她就觉得生活简直太富裕了。莫斯科第一医学院的图书馆像一个巨大的宝库,吸引了她的全部精力,每天能在图书馆里如饥似渴地学习是生活中的享受。

留学之初是艰苦的:俄语是从头学起,功课是从半截补起。没有中文的教科书,又没有给中国同学的专门辅导。她所选择的精神病学专业在语言基础和文化理解上又不同于躯体医学专业,困难可想而知。学习虽然艰苦,但却是愉快的。为了节约时间,在五年的学习期间她甚至没有进过一次理发店,总是将头发洗干净后编一条很长的粗辫子。在回国前,她和几个北医的同学商量,用节省下来的津贴,买了一整套俄语的《医学百科全书》,送给北医母校。

中国同学的勤奋和适应力是惊人的,经过四年的学习,沈渔邨以优良的成绩毕业于莫斯科第一医学院,获得医学副博士学位。这个中国女学生给苏联老师和同学留下了深刻的印象,他们授予她"斯坦汉塔夫"奖,褒奖她的勤奋和优秀。她的照片还登在了苏联《火箭》杂志的封面上。

也正是在留学期间,她与当时留学生的队长、后来的卫生部部长钱信忠同志,从相识到相恋,在1955年6月回国前夕结为伉俪,开始了长达半个世纪相濡以沫的生活。

赤子之心,报国之情:致力于精神病学建设

回国后,沈渔邨来到北医精神科,开始和同道们一起忘我地工作。在建设新国家的大潮下,她和同道们一起翻译苏联专业书籍,写讲义、编教材,并捡起了联大时主修的英语,还自修了第三外语——德语。"文革"后的事实证明,掌握外语,特别是英语,对于进行国际交流是多么的重要。为进一步探讨精神疾病的机理,60年代初沈大夫在充分阅读英、俄、德三国文献的基础上筹建了神经生化研究室,并开始招收研究生。临床工作上,她深切地体会到对待精神病人的态度是一个国家文明的标志,因而十分注重病人的医

疗环境、医生对病人的态度，主张精神病人要尽量过正常人的生活，废除约束病人、封闭式的旧管理模式。她以女同志特有的细腻，提出病房的被褥不必像综合医院病房那样掖在床垫下，可以像家里那样叠；病房要安窗帘，注意布置些既无危险性，又能使环境家庭化的装饰，如墙上的画，桌上的花……

为尽快控制精神病人的病情，沈渔邨带头创立了人工冬眠疗法。人工冬眠，特别是低温人工冬眠，是有相当危险性的，要把病人的体温降到34摄氏度，不能再低，再低有生命危险，而高了效果也不好。维持体温是麻烦而有风险的，但只要对病人有利，沈大夫就敢于承担风险，不怕麻烦。为摸准规律，她可以一直守在病人身边，废寝忘食。这种疗法在较短时间内有效地控制了精神病性兴奋，为病房开放管理、减少对病人的约束创造了条件。

50年代末，对治疗好转的病人，沈大夫关注着他们的进一步康复。她注意到出院病人因缺乏照顾复发率很高，老病人像出入旋转门似地频频出现在医生面前，而医生工作的效果又体现在哪里呢？她没有听之任之，而是组织医务人员，带队走出医院，对出院病人开展家庭访视，与地段治保委员联系，推广精神病学知识，要求街道工作人员正确对待精神病人，督促病人治疗，并建立了门诊定期复查制度，做到门诊、病房、地段一条龙。这为巩固住院疗效、防止疾病复发做出了贡献。至今，北大六院病历的完整性还是走在国内前列的，特别让综合医院的同行羡慕。

但是国家的建设、学科的发展不是一帆风顺的。"文化大革命"开始了。在这场运动中，知识分子也成为受害者。不消说旧中国过来的教授学者，就连党自己培养的科技骨干也遭受了灭顶之灾。沈大夫受到了冲击下放干校。但她做什么事依然十分投入，下田种稻也是如此，插秧、铲土都十分卖力，但是总也不像别人那样出活，被人评了个"劳动态度好"。有时也给农民看病，两年的时间一下子就过去了。

"林彪事件"后,她又返回学校,做了一段"以医代护"的工作。在"文革"否定一切思潮的冲击下,原来底子很薄的精神病学科受到很大的摧残,人才设备大量流失,全科只剩下7名医生和几个护士看管着为数不多的病人。面对这样的局面,沈大夫心急如焚。这一次,又是她坚毅的性格使她走出了低谷。以医代护给了她更多的空余时间,她抓住这个机会自学了分子生物学理论。军宣队解除对她的审查之后,她更是利用抓革命、促生产的机会,取得群众的信任,从而被选举为精神科主任,在强大政治压力的夹缝中继续着精神科的事业。

担任精神科主任后,她在没有实验室骨干、没有经费的条件下,决心先做两件事:一是带领科室医生开展"农村家庭社区精神病防治"的试点工作,二是筹备编写《精神病学》大型参考书,介绍国际神经科学和精神病学的进展,以尽快缩短和弥补中国精神病学因十年"文革"造成的差距。

第一个"吃螃蟹":开展农村家庭社区精神病防治的试点

为了解决广大农村精神病人获得治疗的机会,沈渔邨从中国社会文化、卫生系统的特点出发,针对北京市海淀区11个公社,19万农业人口,从1974年6月至1977年2月开展农村家庭社区精神病防治的试点工作。

试点工作从培训基层卫生人员开始,向他们讲解精神病的基本知识和主要症状表现,并由医生下乡一起检查病人,确定诊断,制订治疗计划,并带领他们定期访视,进行检查,指导用药,风雨无阻。从医院搭乘郊区公共汽车到公社,再从公社骑自行车到大队,一次就需三个小时。每天早上搭第一班郊区公共汽车出发,晚上搭乘末班车回来。为了获得可靠的科学资料,她访问、检查了前五个公社的每个精神病人。她多次从自行车上摔下来，左膝曾受伤，均仍坚持走到病人家中进行访视。最终使256名慢性精神分裂症病人得到了系统的药物治疗，其近期疗效与精神卫生研究所住院病人相接近。由于鼓励病人及早参加社会劳动，降低了复发率，社会功能康复较好。

就是这样，从1974年6月开始到1977年2月结束，沈大夫带领大家完成了海淀区11个公社、19万农村人口建立精神病人家庭防治网的工作，并在国内很好地推广了这项工作。她曾受卫生部委托，在山东烟台卫生局领导和莱阳精神病院院长的支持下，在2—3年内完成了16个县、600万农业人口精神病家庭社会防治的建网工作，使2500多名农村精神病人获得治疗的机会。这种郊区精神卫生保健模式在国内是一个创举，在世界也是先例，1984年获卫生部科技成果二等奖。

二十年后，沈教授在自述中欣慰地写道："1996年我应中残联康复部的邀请去广东汕头市参加精神残疾的康复总结工作，我被愉快地告知：汕头的分裂症病人90%以上在'八五'期间获得了治疗。这真是了不起的成就！除市残联的社会发动工作做得深入细致外，大量医疗工作是由汕头大学精神科医师负责的。我向他们了解是如何开展医疗工作的，医生告诉我是按照我们在海淀区试点的工作方法一点一点做的。当我在一个海岛上看到一名病程十年的慢性分裂症病人经治疗后明显好转，已在作我们的向导，能为家人做饭，他的哥哥都激动地流下了热泪，我从内心也分享到他们的快乐。"

传道授业，主编《精神病学》大型参考书

为了及时向国内同道介绍国际神经科学和精神病学学科进展，推动中国精神病学的发展，沈渔邨发起编写《精神病学》大型参考

书。在全科和国内同道的支持下，该书已由人民卫生出版社连续发行五版。1980年第一版，1986年获卫生部优秀教材奖；1988年第二版出版，1990年获国家新闻出版署优秀图书二等奖；1994年第三版，1996年获卫生部科技成果二等奖。其发行量是全国同行书籍中最高的。第四版于2002年出版。第五版已于2009年出版。1993年她又为基层从事精神病防治工作的同道，编写了《精神病防治与康复》一书，该书1994年获国家新闻出版署首届奋发文明进步图书二等奖。

恢复研究生制度后，沈渔邨是中国精神病学和精神卫生学的第一位博士生导师，后又成为第一位博士后导师。她先后指导硕士生11名，博士生19名，博士后1名，并与澳大利亚联合培养博士生1名。

沈渔邨任北京大学精神卫生研究所所长（1982年）

她亲自培养的博士生，也是她最得意的弟子——于欣教授（于2002—2012年担任北京大学精神卫生研究所所长）在一篇回忆文中写道：

沈大夫的特殊身份，完全可以令她做一个官太太，既轻松又风光。可沈大夫毅然选择了一条艰辛的学者之路。作为一名学者，沈大夫不仅严谨到改研究生论文时一个错误的标点符号都不放过，而且她永远是一位创新者。

我做住院医时，所里的药理室请了几位国外专家，做 GCP 相关培训。因为当时我正在舒良大夫的病房，属于敢跟老外撇 Chinglish 不脸红的，就被派去当翻译。自以为翻得还不错，中途沈大夫坐进来，听着听着就发起火来。有一个词，Investigation New Drug（研究中新药），缩写为 IND，我图省事，在翻译中就一口一个 IND。沈大夫气我偷工减料，当着外宾和众多学员数落我一顿。很多话都忘了，只有一句现在还记着"翻译是件很严肃的事，怎么能随便对付？这样对听众是不负责任的！" 2006 年年底，沈大夫的老友 Norman Sartorius 来北京做讲座，沈大夫担任主席。一个多钟头下来，萨氏的克罗地亚英语把小翻译彻底听糊涂了。沈大夫就一气充当了二十多分钟的现场口译，又准确又传神。这不单反映出沈大夫依旧头脑清晰，思维敏捷，也反映出她一贯的治学态度：严谨，认真。

只有在病人面前，沈大夫才一直是慈祥的。难缠的神经症病人，蛮横的吸毒病人，戒备敌意的精神病患者，永远是沈大夫微笑关心的对象。有一年沈大夫因为胆石症做手术，麻醉师看她个子大，大概多用了麻药，结果沈大夫昏睡了三天才醒过来。此后半年，沈大夫的脾气出奇的好，讲话也温声细语，弄得小医生们都很不习惯。直到一天沈大夫又高声快语地讲话，大家才都舒了口气，知道沈大夫彻底复原了。

沈大夫为人非常单纯，她好强、争胜，却从无与人有任何个人的恩怨。她做所长 17 年，所里的骨干没走一个人。有时候在会议上沈大夫同人争论,事后醒悟到自己太冲动,便在午餐时用书包给对方占座,弄得人家不好意思。沈大夫有时候让我们这些做小辈的觉得挺可爱的。一次同沈大夫一起去国外开会,也许由于留苏的关系,沈大夫很喜欢吃早餐上的新鲜面包。可那时她在控制血糖,又不愿让我们看出她有点嘴馋。于是沈大夫一边去拿第二份面包,一边一个劲跟我们解释,说她第一次拿的面包个头小,只能算半个。

科学严谨,组织全国精神疾病流行病学调查

在改革开放前夕,为了获得中国社会经济体制改革初期精神疾病患病率和分布特点的科学资料,1982年在世界卫生组织总部和卫生部领导的支持下,沈渔邨积极引进当前国际精神疾病流行病学最新的调查方法和先进工具,并结合我国国情进行设计,开展了全国12个地区城乡各500户的入户调查。参加调查的精神科医生均接受了严格的方法学培训和现场测试,获得了设计有特色、科学性较高的科学资料,为国家制定精神卫生政策获得了科学依据,提高了我国精神疾病流行病学的学术水平。该调查研究多次在国际学术被报告。1985年沈渔邨应美国138届美国精神病学年会的邀请,在达拉斯(Dallas)的大会上作特邀报告,同台做报告的还有三位诺贝尔奖获得者。会后,韩国、日本以及其他亚裔精神科同道为沈渔邨开了一个庆祝会,祝贺她是第一个登上如此高规格讲台的亚裔血统的精神病学家。该调查报告1985年获卫生部科技成果二等奖,调查资料和论文于1995年由世界卫生组织译成英文出版发行。

为了了解工业化、城市化等社会变革所带来的社会心理因素对我国精神疾病谱的影响,沈渔邨等于1993年用同样的调查方法和工具,用同样的样本,进行了第二次全国精神疾病流行病学调查。

调查资料说明，和其他国家在工业化过程中一样，某些精神疾病和行为问题呈上升趋势，为制定我国精神卫生规划提供了科学资料。该调查于 1999 年获卫生部科技进步三等奖。

为适应中国人口迅速老龄化的形势，沈渔邨和社会研究室的同道一起，在北京西城区开展了老年人口中老年期痴呆的患病率和发病率的调查。此外，还组织了阿尔采默病性痴呆（AD）的危险因素病例对照的研究，于 1993 年获卫生部科技成果进步三等奖。以上研究有 6 篇论文被 SCI 收录。

严治学，重基础

为探讨精神疾病发生的生物学基础，沈渔邨于 60 年代初在国内精神病学界首先建立精神生化实验室，开展精神分裂症、抑郁症、儿童多动症和电针治疗等对中枢神经递质（5HT，NE 和 DA）代谢影响的研究。在电针印堂、百会治疗抑郁症有效的基础上，开展动物实验研究。资料表明电针上述穴位能明显影响大鼠脑内 5HT 和 NE 的代谢，加速 5HT 的更新率，减少脑内 NE 的储存（论文 1981 年发表在 *International Journal of Neuroscience* 杂志）。20 世纪 80 年代建立精神药物药代动力学研究，开展血药浓度与临床疗效关系的研究，发现抗精神病药物氟哌啶醇在一定药物剂量范围内，疗效与血药浓度呈正相关。这一研究为克服盲目追求大剂量精神药物治疗、临床合理用药提出了理论根据。90 年代以来，开展了分子遗传学研究，对不同民族酒瘾患者的分子遗传学研究中，在国际上第一个发现中国蒙古族为 ADH 多态的不同类型，在酒瘾遗传生化机理上提出了新观点。以上研究工作分别获得教委、中医局和北京市 4 项科技成果三等奖。生物精神病学已发表的论文中，有 6 篇被 SCI 收录。

1985 年应挪威精神病学会的邀请，在 Bergen 和 Oslo 分别作了抑郁症的神经生化、神经内分泌研究和电针印堂、百会穴位治疗对中枢神经递质 5HT 和 NE 代谢影响的研究报告，受到好评。1986 年由挪威精神病学家推荐，被授予挪威科学和文学院国外院士的学衔。

加强国际交流，推动学科建设和人才培养

为适应改革开放、学科建设的需要，经北京医学院领导和卫生部批准，1980 年在原有精神病学研究室的基础上建立精神卫生研究所（现北京大学精神卫生研究所）。1979 年 10 月沈渔邨从欧洲参观精神病学研究机构回国后，为了尽快使中国精神卫生和国际接轨，加强国际学术交流，通过卫生部邀请世界卫生组织精神卫生司司长访问北京、上海，并于 1982 年在北京和上海两地建立世界卫生组织精神卫生研究和培训协作中心。精研所同时和日本、美国、瑞士、意大利等国精神卫生研究机构广泛开展双边科研协作往来，与儿童基金会建立协作，接受国际研究任务。在世界卫生组织和双边协作的推动下，先后在全国各地组织了四十多次精神卫生国际讲习班，以引进先进的研究方法和信息，并通过开展双边科研协作，引进设备和培养人才。至 1993 年该所新址落成时，全所讲师以上骨干，除 1 人外，均在国际先进精神卫生机构对口进修，为中国精神卫生学科培养了学科带头人和技术骨干力量。沈渔邨把一个只有 1 台 72 型分光光度计和 1 台一万元脑电图的穷教研室，建成了一个具有现代化设备的精神卫生研究机构。

1997 年和 1999 年在卫生部支持下，精研所分别成功举办了两次国际性学术会议：1997 年世界精神病学会（WPA）亚太地区会议和 1999 年国际老年神经精神病学会（IPA）亚太地区会议，在更大的范围和更深的层次上进行学术交流，促进中国精神卫生事业的发展。

沈渔邨（左一）参加国际精神病学联合会亚太地区会议
（马来西亚，2001年9月）

老骥伏枥，心忧患者

沈渔邨1997年从所长岗位上退下来后的很长一段时间内，还在身体条件允许时继续参加一些医、教、研活动；定期门诊和不定期查房；参加精神病学专著和教材的编写，指导研究生工作，参加组织国际学术交流的一些活动。获得新知识的渴求和新中国知识分子不甘心祖国在科技上落后的情愫，是她工作力量的源泉。

近几年，沈院士年事已高，健康状况已经不允许她继续从事她一心热爱的精神病学事业了，她的个人生活也需要由他人照顾。但是，就在这样的情况下，她依旧没有忘记她曾经的患者。发生在2012年的一段小插曲，无不让知道的人为之热泪盈眶：那年，曾于1980年在北医精研所进修的陈一鸣老师（曾担任苏州广济医院的院长）在精研所的老专家崔玉华教授（曾任北医精研所所长）

和方明昭教授的带领下探访了患病初愈的沈老，说明来意后，陈一鸣老师将预先用纸写好的一张 1980 年在北医精研所进修的七位同学的名字、工作单位以及近况交给她，因为知道沈老已经看不清很多字了，他又对照纸上写的内容简略地说了一遍，并告诉沈教授："我们七位同学常有联系，我们常常怀念在北医进修时的各位老师，尤其沈教授对我们的关心和教育，我们现在也都是七十多岁的人了，进入了退休生活，大家过得很幸福，我们都祝您老人家健康长寿……" 88 岁高龄的沈教授反复看那张写满学生近况的信纸，轻声说："都干得不错，很好……"沈教授要大家喝饮料，指着方明昭老师说："你身体怎么样？"她特别对着崔玉华教授大声说："崔玉华，我原来门诊上的病人都转给你了，希望他们能早日康复。"这一句话，她反复讲了好几遍。随后，沈教授想站起来，要家里的保姆王阿姨扶她到书房，王阿姨说："沈老，您坐着，我会把书给他们的。"王阿姨把我们引进沈老的书房，书房有二十多平方米，靠墙全是书柜，摆满了各种书籍，非常整齐，有两张宽大的写字台，桌面上有笔纸，还有展开的杂志……书柜玻璃门窗上有很多彩色的照片，最大最引人注目的是钱老与沈老的合影，还有二老参加有关专业会议的彩照，更多的是二位老人与儿孙们的全家福合照。王阿姨说："沈老最喜欢坐在书房里，一坐就要几个小时……"并从书桌上拿起包装好的书说："沈老要将这本书送给你们，你们一人一本。"那是紫色绒布面的精装书《钱信忠（1911—2009）纪念册》，由原卫生部部长陈竺和原党委书记张茅主编。

  探望结束时，大家与沈老合影留念。拍完照，沈老知道大家要走了，想要从轮椅中站起来，大家赶紧与她握手，希望她多保重身体，祝她健康长寿，这时沈老又一次条件反射般地对着崔教授说："崔玉华，我原来门诊上的病人都转给你了，希望他们能早日康复……"

"动人以言者其感不深,动人以行者其应必速"。沈老为祖国精神卫生事业的建设和发展贡献了一生,她的精神和事迹像一个充满动力的火车头,引导着我们这些晚辈为精神卫生事业,为北京大学,为医学部,为精研所的明天,奋勇向前!

(文/何小璐、张霞、于欣)

王恩涌

情系山河　桃李天下

　　王恩涌，著名文化地理专家，北京大学城市与环境学院教授。1927年出生于安徽凤阳县，1949年进入清华大学地学系地理组学习，1953年毕业于合并后的北京大学地质地理系，后留系任教并参与行政管理工作。1953—1983年主要从事教学科研的组织和管理工作，先后担任系秘书、助理、副系主任等。1983年5月—1984年5月在加拿大不列颠哥伦比亚大学与多伦多大学地理系进修，回国后即转向人文地理学方面的教学科研工作，先后开设文化地理与政治地理课，在城市地理学、地理教育与旅游等方面的研究中亦颇有建树。著有《人文地理学》《政治地理学》《中国文化地理》《文化地理概论》《王恩涌文化地理随笔》等著作。在社会事务方面曾担任中国地理学会副理事长、地理学科教学指导委员会副主任、《人文地理》杂志副主编等职。

"我真心喜欢这个专业,从小学开始一直都很喜欢,我也为这个学科的出路和未来忧虑过。开始想学植物地理,后来转向环境地理,最后却又选择文化地理(亦称人文地理),几十年的风风雨雨,我还是很欣慰。人类的文化也体现在他适应环境、利用环境和改变环境,甚至是塑造一种环境、追求一种理想的环境上。这也是地理学所研究的'人地关系'的目的。"谈及1952年院系调整后成立的北京大学地质地理系中地理各专业的发展历程,86岁高龄的王恩涌有着谈不完的故事。

从清华到北大结缘植物地理学

1927年,王恩涌出生在安徽凤阳县临淮关。该镇在历史上是著名的军事和交通要地,也是安徽的历史名镇。和许多同时代的人一样,王恩涌的成长也极富时代色彩。

在抗日战争的纷飞战火中,王恩涌的少年时代历经离难。为离开日本的占领区,王恩涌扛着行李,与同学徒步几百里,在酷暑天花了整整7天辗转来到安徽金家寨学习。抗日战争胜利后,他来到南京金陵大学附属中学读高中。因为幼时受祖父熏陶,王恩涌酷爱看中国传统小说,尤其是对小说中的军事活动及其地理关系、历史背景非常感兴趣,并且养成了勤翻地图的习惯。这些幼时的兴趣、习惯和少年时代的求学经历都为他日后学习地理学科打下了良好根基。

1949年,王恩涌作为新中国成立后的第一批学生考入清华大学地学系地理组。当时,清华地理系组一共只有4位老师,其中一位教授,两位讲师,一位助教,加上16个学生,一共20人。当年入学的新生仅3人。当时的清华,工科学生占多数。在轰轰烈烈的"投身祖国建设事业"的号召下,工科学生"学好技术参加祖国建设"的氛围相当浓厚。在这种学习氛围中,王恩涌常常自问,如何才能学好地理去为祖国建设服务。他对于"地理学科如何为国家建设服务"的思考就是从这里开始的。同时，在清华学习了一些自然地理的理论后，他逐渐感觉到，与物理、化学等学科相比，地理学在理论方面的建树还是有较大差距的。

1951年5月，清华地理系林超教授邀请他的老朋友——植物地理学家侯学煜来清华地学系作报告，介绍植物生态学和植物地理学。侯先生在报告中，以实例深入浅出地介绍了植物个体和群体的空间分布与地理环境的关系以及这门学科在国家建设中的作用。这引起了王恩涌极大的兴趣。为此，他专门写信给侯先生，表达他学习植物地理学的愿望，希望得到侯先生的指点。侯先生很快给他回信。他的回信，使王恩涌满心欢喜。一天傍晚，他从清华步行来到西直门内的侯先生家，带着许多问题请教侯先生。侯先生告诉他，学植物地理学需要学化学、植物学、土壤学以及植物生态学、植物分类学等方面的知识。临别时，侯先生还借给他几本参考书，勉励他好好学习。回学校后，王恩涌就联系了几位对植物地理学感兴趣的系内同学，集体向系里提出请侯先生来清华讲授植物地理课。这个愿望不久就实现了。这样，王恩涌与几位同学一方面听侯先生讲课，一方面又利用选课的机会选学了一些与植物地理学相关的课程。侯先生也寻找机会，给这几位学生提供野外实习与工作实践的机会，指导他们将理论与实践相结合。

筚路蓝缕建设北大地理系

1952年，由于全国高校进行调整，原清华的地理组合并到北大地质地理系，由当时的北京大学副教务长侯仁之先生兼任系主任。当时，北大各系都是以苏联莫斯科大学为样板，设计本学科的教学方案。莫斯科大学地理系自然地理专业不但有物理、化学、高等数学等自然科学与自然地理学方面雄厚的基础，还开设了该专业中的一些新领域，如植物地理、土壤地理、综合自然地理、极地地理等作为专业中的专门组。但在北大，很多专门组因为缺乏这方面教师而迟迟无法开设。

1953年春，王恩涌提前毕业留系参与教学与行政管理工作。他一面师从生物系李继桐教授学习相关植物学课程，为开设植物地理课做准备，一面在侯仁之先生的指导下从事建设北大地理学的新任务。当时，为了加快北大地理方向的建设，使其在专业建设上能达到莫斯科大学的标准，高教部统一分配了一些相关专业的本科毕业生到北大，支援北大地理各专业的建设。为了实现新的教学方案，开设高质量的新课程，王恩涌与新来的一些毕业生一起，一方面学习苏联地理学方面的成就，另一方面翻译地理方面最新的教科书与专著，如《景观地球化学概论》《自然地理学基本题》。当时有位从外校分配来北大的教员曾形象地描述当时的情景是靠俄文起家。另外，学校也派一些青年教师去中科院植物所、中国农业大学等院所进修相关课程，争取按时开设教学计划中所列出的课程。

当时，王恩涌与系里的青年教师们合住在位于未名湖边上的集体宿舍"全斋"中。集体住宿的故事后来也成为一种美谈。每到周末，这些血气方刚的年轻人就聚集在一起，天南海北地聊，互相交流自己学的新知识和新体会，毫无顾忌对地理学的理论与教学发展等问题发表各种意见。交流与讨论中往往是争论不休，欲罢不能，"闹得四邻不安"。王恩涌回忆，这种"宿舍讨论"不仅对激发他们思考问题与不断学习有很大帮助，也对当时地理系的建设与新教学计划的实施产生了重要的作用，很多新思路就是来源于宿舍的讨论。

到50年代后期，北大的地理系专门化有了较大进展。到1956年，北大地理系已经从只有一个自然地理专业发展成为自然地理专业、地貌专业和经济地理专业三个专业并列。在自然地理专业内也建立了植物地理学、以景观地球化学为基础的土壤地理学和以景观学为基础的综合自然地理学三个专门组。自然地理教研室内也分出三个小组，这三个教研组，在教研方面往往是既有合作，又有竞争，在系内大家往往形象地用"三驾马车"来形容这三个小组出现的合与争。然而，自然地理系与教研室并未很好地发挥出综合研究的优势。因而从1961年开始，将土壤地理、植物地理、气候、水文、经济地理、地图、综合自然地理等专业人员先后组织成一个综合性科研队伍，顺利地完成了60年代毛乌素沙地的调查与研究。在70年代的中国公路自然区划研究和70年代末80年代初的黄河水污染研究中均取得了出色的成绩。

王恩涌（右一）和同学们在昌平进行野外考察学习（1950年春天）

北大地理系经过这番改革和建设，不仅培养出我国在这方面新的地理人才，填补了我国地理学的缺口，还加强了大学地理教育的科学基础，提高了理论水平，也提高了北大地理系在全国的地位。

创办环境地理专业从理论转向应用

苏联地理专业培养的目标是学者，因此学校大多侧重对学生本身在学科的理论方面的培养，而很少关心学生的出路问题。在 50 年代和 60 年代，毕业学生不多，多被分配到国家相关部门、科研机关和大中专院校。到 60 年代，由于经济困难，发展速度减慢，毕业生的就业出路就出现了问题，北大自然地理专业的学生有一次全班二十多人全部被分配到了陕西某县的水土保持部门。这对学生学习地理是一个沉重的打击，很多人甚至都产生了"学地理到底有没有用"的质疑。由于当时进入北大地理系就读的学生中，属第一、第二志愿录取的比较少，很多学生是因为调剂来到地理系的，本身对地理专业并没有特殊的感情，学生中甚至流传着"进地理系是走错了门"的说法。"文化大革命"开始后，地理系被学生写大字报称"学习地理是浪费青春"，要"砸烂地理系"。

从 1970 年开始，北大由停课闹革命转向复课。到 1972 年，北大各专业都已开始招生，恢复教学，只有地理系各专业仍没有恢复招生的迹象。此时，从江西"五七干校"调回北大的王恩涌临危受命，被校教改组任命为地理系教改组组长，为恢复教学做准备。但是，学校教改组也同时非常明确地向他表示：地理系专业只有在国家相关部门能稳定接收地理系毕业生的条件下才能招生复课。

王恩涌虽然急切地希望尽快恢复地理系招生，但是怎样才能为本系毕业生找到稳定良好的出路呢？他曾到有关部门为寻找学生出路，他自己心里也没有底。原以为农业部门 60 年代兴起的农业区划工作会为毕业生带来很好的出路，结果农业部表示，虽然对地理系的毕业生有需求，但能接收的数量并不多。他还组织系内地理方面各专业教师去中科院地理研究所，寻找当时世界上地理学的新发展。

恰在此时，他在中科院偶然碰到了当时仍在政治上处于"靠边站"的位置的原地理所所长黄秉维。受黄先生邀约，几天后王恩涌去了他家。王恩涌回忆，那时黄先生因"文革"的冲击，居住环境比较差，居所显得非常拥挤，床上堆的到处都是书。但他从黄先生那里了解到，当时的中科院副院长竺可桢先生曾经表示，希望北大地理系关注日益严重的世界上的环境污染问题，可以培养环境保护方面的人才。黄秉维还说，美国各州、市为观测环境污染都设立了环境保护与环境监测机构，其主要职责为观测各地每日的污染状况，每月每年都需要作出分析与总结，这方面需要的人才数量相当大，可以为学生提供大量就业机会。根据黄先生转述的竺老意见，他就在思考如何将自然地理专业改造成环境保护专业。这是一个难得的机遇，应当使地理教育与应用地理人才发生一个大变化。

  回到学校，王恩涌和系里有关的老师商量后，遂向学校提出将自然地理专业转向环境保护方面，以生态与景观地球化学为基础，结合实验室条件以及水文地理的配合建立一个以水污染保护为主的专业。接着，在地貌专业几位老师的探索下，确定将该专业改造成为一个以遥感技术在地学方面的应用以及地理信息系统为重点的专业。经济地理也从毕业生在城市规划中的实践经验与国外的城市地理的发展中得到启发，提出通过增加建筑方面的课程与城市规划部门合作，可以培养有地理特色的城市规划人才。结果，原来以理论为主的所谓"冷门"专业，经过应用的探索以后，一下子变成热门专业。北大的探索，也带动了我国大学地理系的大变化。北大所探索的环境保护、遥感技术应用、城市地理也正在成为世界范围内正在兴起的地理学热门。为了促进专业的改革与创新，王恩涌动员教员们通过各种途径收集相关信息、翻译编辑成"地理译丛"作为系内与其他科研单位的交换资料。虽然王恩涌在扉页上写了个说明，表明"这些资料来源不同，观点不一，有些可以批判地接受，有些则应当摒弃"。但这些旨在推动地理教育的改革还是使得王恩涌后来受到了很大的冲击。另一方面，地理系师生也积极争取参加实践，以事实表明地理学在实践中的作用和地位。当时，官厅水库、北京西郊等环境污染问题已经引起了很多人的重视。王恩涌和系里的几位老师参加了北京西郊水污染研究和黄河流域水污染调查等工作，并在工作中取得了重要的成绩。这大大鼓舞了他们发展环保方向的信心。

北大复课后，招来的那些来自"上山下乡"参加过劳动锻炼的中学生称为工农兵学员，他们年龄大小不一、文化程度参差不齐，学习中遇到不少困难。对工农兵学员如何进行教学，大家在认识上却产生了分歧。一部分老师主张先集中一年补习数理化等基础知识，再学习专业知识；一部分以不能歧视工农兵学员为由，主张边学专业课程边补习。王恩涌很支持前者。但这种做法遭到了批判。1974年春，学校开始在小范围内以"帮助"为名，对王恩涌进行思想批判。1974年年底，王恩涌在"反击右倾回潮"中被安上"只搞业务不搞政治""坚持资产阶级教育路线"等帽子，在全校范围内被批判。1975年5月，王恩涌被撤销教改组组长的职位。直到1978年年初，北大党委才在全校大会上为他平反并恢复名誉，《人民日报》专门对此事做了报道。

老当益壮引入人文地理思想

"文化大革命"后，1978年地质地理分系，王恩涌被任命为地理系主任，负责地理系的组建工作。当时，他一面主持系内的工作，另一方面以自己翻译的《河流污染的科学分析》为参考，与师生一起对黄河兰州段等地的环境污染进行调查和研究。此时，王恩涌接到通知，学校打算派他出国进修。王恩涌考虑自己已年近六十，又长期脱产从事行政工作，很少参与教学与科研，加之英语听说很差，遂向学校提出将机会给年轻的同志。在学校的坚持下，王恩涌于1983年踏上了前往加拿大的学习之路。

由于苏联地理学界把西方人文地理学当作"为资产阶级服务的学科"，属于"反动的学科"，因此，1949年后，全国地理系都已先后停开人文地理。这就使我国大学地理系中，长期以来既无人教授也无人学习这门课程。但在西方，人文地理和自然地理则是平分天下的，受到重视。王恩涌抱着好奇的心理，非常希望能在加拿大了解人文地理学的相关情况。

在听课中，王恩涌逐步了解到很多经济、社会、政治、历史等现象都与其所在的地理环境有一定的联系。这就使他突然想起自己头脑中长期存在的一些与历史有关的问题，如我国历史为什么总是一个朝代一个朝代始终是循环的？中国为什么在清末后革命就这么难？为什么我国政治、经济等制度与西方有很大差异？从人文地理学角度来看，这些都应与中国的地理环境有一定关系。既然与地理环境有关系，自己作为一个学地理的，就应当去探索这些问题的原委，弄清这些问题。想到这里，他就开始有意识地去了解他们所讲授的人文地理学。

王恩涌获得"中国地理科学成就奖"（2009年10月）

1984年回国后，由于工作调动，王恩涌有了较多的空余时间，遂将带回的人文地理著作认真学习。他一面阅读，一面翻译，在学完、译完这些著作以后，他不仅对人文地理思想有了认识，同时也对在加拿大所看到的一些现象有所认识。这时，他想将译稿送给别人，希望有人能开设这门他认为很有价值的课，让更多的人了解人文地理。结果，寻觅无果后，在北大昌平分校担任地理系主任的卢培元的推动下，他遂开始在北大分校地理系尝试人文地理的教学。

王恩涌发现，由于这门新学科涉及很多学科的知识，综合性很强。为了弥补自己在中外历史及经济、政治、宗教、民族、语言、风俗等方面基础知识的不足，他只能尽量抽出时间去学习以增补这些方面的知识。没想到的是，这门新开设的课程引起了学生们极大的兴趣，课堂经常"爆满"。一年后，他把这门课搬到了北大本部的地理系。后来，又通过通选课在全校讲授。

对这门新开设的课程，王恩涌倾注了很多心血。在教课的基础上，他开始进行人文地理方面的教材编写。1989年，他编写的教材《文化地理学导论》由高教出版社出版。他主编的《人文地理学》（2000年出版）成为我国人文地理学方面的经典教材之一，于2000年获教育部优秀教材一等奖，为诸多学校所采用，也是该专业硕士研究生入学考试中指定的参考书。在2008年出版《中国文化地理》。人文地理课程开设，教材与专著相继出版，使停开四十年的人文地理迅速在全国地理学中得到复兴，引起了人们的重视。人文地理遂成为地理系各专业中一门指定必修的核心课。

桑榆满天下，追求无止境

人文地理课程开始成为北大地理系新的专业方向时，王恩涌已经年过六旬。但"不守现状，不断学习"是王恩涌在教学科研路上的真实写照。

进入90年代，他又开设了政治地理课。这缘于他的一个博士生想跟他做政治地理方面的学位论文。王恩涌平时爱读《参考消息》，从上世纪50年代开始，几乎每天必看，这使他对国际形势的变化过程有着较清晰的认识和了解。他的一位博士生在与其往常接触中发现了这一情况，遂提出想做政治地理方面的学位论文。开始，王恩涌认为自己既没有阅读过国际政治方面的专著，也没有作过研究，表示无法予以指导。在博士生的坚持下，王恩涌只好提出自己先学习学习，给他开出一门政治地理的辅导课，先有个大概的了解，再去写这方面的论文。1990年，王恩涌在充分准备后，开设了政治地理课。刚开始，听课的只有四五个人，但慢慢地，人越来越多，后来这门课成了一门非常火爆的课。1998年，王恩涌主编的《政治地理学》正式出版。这不仅使原来被认为是"资产阶级的反动学科"的政治地理学得到纠正，并且成为人文地理学中重要的分支学科，进入大雅之堂。

王恩涌在北大研究生课程"才斋讲堂"主讲"文明与地理"
（2011年5月）

王恩涌也非常关心中学教育。为了在中学地理老师中介绍人文地理学，从1996年开始，他在《中学地理教学参考》上设立专栏，坚持每期撰写一篇相关的文章，一直持续到2001年。在这些文章中，王恩涌从地理角度分析大国的兴衰史，分析我国首都的变迁与地理环境的关系。同时，他还写了很多既有趣味又有理性分析的短文。例如《大禹治水真有其事吗》一文，以地理环境的不同来说明为什么大禹疏导成功而其父鲧筑堤失败；《三国演义的地理平台》一文，从当时经济地理的发展程度探讨为何必然出现三国鼎立的形式；《欧亚大陆的"文化四边形"》一文，从冬季西欧与中国的草类生长情况不同出发，说明为什么会有欧洲人喜欢吃牛肉、中国人喜欢吃猪肉的不同习俗。这些文字后来被收入2010年商务印书馆出版的《王恩涌文化地理随笔》一书，深为读者喜爱。

由于在大学地理教育建设、人文地理学与政治地理学的复兴，以及地理知识的普及上的贡献，王恩涌在2009年与2013年分别获得了中国地理学会颁发的第二届"中国地理科学成就奖"与北京大学颁发的第三届"蔡元培"奖。

目前，王恩涌已86岁高龄，但他依然喜欢思考地理学的问题，思考不断，笔耕不辍。他希望能在有生之年完成《中国文明史的时空变化与地理环境》一书的写作。

（文/潘聪平　陈圆圆）

刘元方
勤奋、创新、大视野的化学家

刘元方，生于1931年，祖籍浙江镇海。苏州桃坞中学毕业后，他于1948年进入上海沪江大学化学系学习，后转入燕京大学化学系，1952年从燕京大学毕业。毕业后一直在北京大学任教，先后任化学系助教、教师，1955年转入技术物理系工作。1960年任副教授，1983年任教授，1985年任博士生导师，1991年当选中国科学院院士。曾在美国劳伦斯贝克莱国家实验室（Lawrence Berkeley National Laboratory）核科学部、瑞士保罗谢尔研究所（Paul Scherrer Institute）做访问学者。曾任中国核学会常务理事、中国化学会理事和中国核化学与放射化学学会理事长，国际纯粹与应用化学联合会（IUPAC）的核化学与放射化学委员会主席、国际放射化学学报（*RadiochimicaActa*）顾问编委等职。

"您最看重学生的哪些素质?"

"勤奋是第一位的,还要有创新精神,有较好的英语基础。"刘元方回答记者。

他如是说,他自己就是这样的。

……

刘元方是北京大学化学与分子工程学院教授,中国科学院院士,1931年生于江南,祖籍浙江镇海。他从事核化学、放射化学及相关领域的研究几十年,取得了许多开拓性和创造性的成果,是新中国培养的第一代放射化学家。不仅如此,他还扎根化学领域的高等教育,注重培养科研团队,为创建我国第一个放射化学专业教育事业做出了杰出的贡献。2013年9月10日,刘元方院士被授予北京大学教师最高荣誉——"蔡元培奖"。

我喜欢做一些新的东西

"我研究的方向变化很大,一方面是因为我喜欢做一些新的东西,另一方面是有些东西做到一定程度就很难做出具有创见性的好成果。"刘元方说。他的科研方向从20世纪60年代的高速离心机开始,历经快化学、放射性核素迁移、加速器质谱法和纳米生物学等多个领域,紧跟科学研究的时代脚步,在多个领域做出了创新性的探索与成果。

第一站:高速离心机

铀,众所周知是重要的核能原料。它在天然矿石中以三种同位素共生的方式存在(铀238、铀235和极少量的铀234),其中只有铀235才能用于核裂变反应。但是,在天然铀矿中铀235的浓度极小,只有0.711%。只有当铀235的浓度达到3%时,才可以被用于核电站发电;当浓度达到40%左右就可以被用来制造核武器了。

所以，要实现核能的实际利用，必须对天然铀矿进行同位素浓缩，才能达到制备核电站燃料棒和制造核武器的要求。

超高速离心法制备浓缩铀耗电少、单元的分离系数高，可以实现分散生产。因此，在上世纪60年代前后，世界许多国家竞相开展这种制备方法的研究，当时的研究成果大多处于单个超高速离心机的试制和实验阶段。同时期，我国在超高速离心机浓缩铀的领域还完全是个空白，资料也很少，但刘元方还是勇敢地投入到这一陌生的领域。通过阅读外文文献，刘元方判断离心法生产浓缩铀的关键技术在于保证单个气体离心机的稳定长期运转，集中反映在离心机的设计和制作工艺水平上。他凭借手中的一份德国杂志关于Groth型超高速离心机的草图，与几位高级技工师傅和学生昼夜奋战。"两年来吃了很多苦，很少睡觉"。最终制成了我国第一台每分钟5万转浓缩铀235的超高速气体离心机。那台离心机运转了165小时，通入六氟化铀气体后，铀235的浓度经质谱仪测定被浓缩到了0.728%。"我们那台机器只是个雏形，0.728%相对于原始浓度0.711%来说已经实现了浓缩"。这个重要突破，促进了我国超高速离心机浓缩铀的事业的开展。清华大学、核工业部等单位对此很关注，前来考察交流。因为这一成果，他在1962年被共青团中央和中共北京市委授予"全国社会主义建设青年积极分子"光荣称号。

刘元方说："几十年后，我在电视里常看到伊朗正大力建造几万台先进的铀浓缩离心机级联设备，建成后伊朗将能够生产核武器级的高浓度铀235。美国对此十分恼火。离心机浓缩铀在国防上极其重要，也十分敏感。"

第二站：从快化学到核物理学

化学元素周期表中，有一些是在自然界中不存在的人造元素，如61号元素钷（Pm）、95号元素镅（Am）、96号元素锔（Cm）等。人造元素的出现大大丰富了元素周期表，其物理性质和化学性质比较独特，有的在低温下是超导体，有的是核电池燃料和核热源的理想材料。1949年前后，美国核化学家西博格等人用回旋加速器加速重离子，合成了多个人造重元素，如97号元素锫（Bk）。他因此获得了1951年的诺贝尔化学奖。

1980年，西博格所领导的美国劳伦斯贝克莱国家实验室用氧18作炮弹轰击锔248，得到的是包含几十种元素的几百种核素的极复杂混合物体系。从中分离出纯锫是前人未解决的化学难题。更困难的是，当时实验的目的是为了寻找可能存在的短寿命锫同位素，化学分离锫的过程就必须控制在较短的时间内完成。

当时在劳伦斯贝克莱国家实验室做访问学者的刘元方承担起了这项工作。那时"文革"结束不到五年，被"文革"耽误了十年的刘元方在美国刚刚走上学术研究的正轨。

不到一年时间，刘元方建立起了一套快速化学分离程序，用多次不同的有机萃取剂萃取和一步色层分离，总操作时间仅为15分钟。有"新元素之父"美称的美国核物理学家吉奥索教授很欣赏他的工作，有时半夜里站在实验台旁观看他的快速操作。这套化学分离程序得到的锫251纯度极高，在此基础上他开展了锫251的γ能谱测量工作，发现了两条新的γ能谱线，重新绘制了锫251的衰变纲图。按照学科分类标准，这已经超越了化学的范畴，跨入了核物理学的领域。

在放射化学领域，他在国际上享有盛誉，1993年至1995年他被选为国际纯粹与应用化学联合会（IUPAC）的放射化学与核技术委员会主席。在IUPAC的众多化学委员会中，他是第一位担任主席的中国化学家。

第三站：加速器质谱法

加速器质谱法是70年代末国际上兴起的一项超灵敏分析测量技术，将加速器技术与质谱技术相结合用于测量长寿命宇宙成因核素的同位素丰度比，从而推断样品的年龄或进行示踪研究，常用于生物医学、环境监测和考古研究。1993年至2002年，刘元方在国内探索创建了灵敏度极高的加速器质谱法。他在北大重离子研究所的串列静电加速器上，配置了自制的气体分析装置，测定放射性碳-14标记物和DNA的加合物。刘元方所领衔的科研团队利用该方法研究了多种有机毒物，如食品中的丙烯酰胺、烟草中的尼古丁、汽油添加剂MBTE、有机物硝基苯等的基因毒性（对DNA的加合损伤）等。经过验证，该方法的测量灵敏度极高，可检测到每1017—1018个DNA分子中的一个有毒分子加合物，达到了当时的国际最高标准——美国劳伦斯列弗莫国家实验室（Lawrence Livermore Lab）的水平。

第四站：放射性核素迁移

放射性核素迁移是指在放射性废物处置中，放射性核素由废物向周边地质环境迁移的现象，该领域的研究对于妥善处置放射性核废料具有重大意义。国际上只有美国和俄罗斯具有处置大规模核废料的能力。当前，核电在我国能源结构中的地位日益重要。2012年，我国核电在建规模居世界第一，核废料的大规模处理也将提上日程。"我们总不能把大量核废料运到美国或者俄罗斯处理吧。"刘元方说。

早在美国劳伦斯贝克莱国家实验室工作期间，刘元方以其出色的研究能力结识了很多国际一流学者，其中就有瑞士保罗谢勒研究所（Paul ScherrerInstitute）的冯冈登教授。1986年，刘元方应冯冈登教授的邀请，赴瑞士开展合作研究，完成了对碘129（放射性废物的一个重要核素）在地质层中迁移的全面综述和数据汇编评估。回国后，刘元方把他在欧洲关于核废料处理技术的见闻在国内广为介绍。在2006年至2011年期间，他应邀担任我国高水平放射性废物处置专家组的副组长。

第五站：纳米生物学

从2001年起，他又步入纳米科学这一国际新兴领域，与中科院高能物理研究所赵宇亮研究员和上海大学纳米化学与生物学研究所王海芳、曹傲能教授等人合作，做了大量的创新性工作，在这个领域的国际刊物上已经发表了六十多篇论文，取得了相当的国际影响。在2012年召开的国际第六届纳米毒理学大会上，有三十多个国家的科学家出席，他担任大会的名誉主席并致开幕词。

刘元方的研究与全球科技发展的潮流同步，他立足自己放射化学的专长，在重离子核反应、贵金属提炼、生物无机化学、核药物、生物—加速质谱学以及纳米物质的生物效应等领域多有建树。

"科学上的创新，要的也是解放思想，做有创见性的成果。"刘元方说，国际一流学术杂志不会刊登别人已经做过的研究，真正有创新性的内容要靠自己。

我一辈子就没偷过懒

2004年，刘元方在接受《北京科技报》采访时说："我没做出什么成就，只是一辈子就没偷过懒。"

2013年，刘元方在接受北大新闻网采访时说："我选学生，首先是要勤奋，因为勤奋可以增长智慧，勤奋可以转化为创新力。"

刘元方曾在燕京大学担任学生会主席，1952年毕业后留在新北京大学任教。初出茅庐的刘元方，又是当助教给学生上实验课，又当系秘书肩负系里的行政工作。后来还当过北京大学工会党组成员兼组织部部长，给当时的工会主席季羡林先生当助手。

"文革"开始的时候，刘元方被当成"反动学术权威"。"我当时是副系主任、党支部副书记、副教授，他们叫我'三副'。"刘元方说。他当时被关在北大的"牛棚"里，经常被拉去批斗、"坐飞机",陪斗也是常有的——这样的遭遇有五十多次。他经常一天要劳动十多个小时,种菜、挑水、挖沟、修路,吃得又少,这对出身江浙富庶家庭的刘元方来说是个很大的磨练。在那种全国遭殃的时代,很多人不堪其辱而自尽。"但我内心比较坚强,当时的压力不小,我不说假话,也没乱揭发别人。这对我个人的意志是难得的锻炼和考验。"

"文革"结束后不到五年,刘元方赴美国进修。在美国的实验室里,当样品经过加速器照射后,他有时要连续工作三十多个小时进行跟踪测量。那时,他把"人生难得一搏"的条幅挂在卧室。同行的学者邀请他一起去美国著名的国家森林公园野餐,他婉拒了;一些朋友邀请他到附近的墨西哥旅行,他谢绝了。三十年后,他告诉记者:"那里的实验条件很优越,要抓紧时机,做出成绩。"

青年时代的刘元方在实验室

如前文所述,他设计了一套提纯锫251的快化学流程,重制了锫251的衰变纲图。他的智慧和勤奋也为美国学者所敬佩。在欢送刘元方回国的宴会上,实验室的同仁送给他一个大蛋糕,上面写着:"刘博士,我们想念你,直到你再次回到这里。"

今年刘元方已经82岁了,许多青年教师和学生向他请教,或者请他帮忙给论文把关,他都认认真真地回答,一丝不苟地修改。他说:"这十年来,我帮年轻教授修改和润色文章,花的时间比较多。"他的一位重要助手王海芳教授曾告诉前去采访刘元方的人:"刘先生为人诚恳,平时从不轻易地许诺、说大话,凡是求助他的事,他都会记在心里,认真地去办。他也常告诫学生,业精于勤荒于嬉。"

刘元方对记者说:"国外有一句名言,学习时的痛苦是暂时的,未学到的痛苦是终生的。只有比别人更早、更勤奋地努力,才能尝到成功的滋味。"

"你可以来西语系读二年级"

刘元方的英语很好,这得益于他良好的中学教育。刘元方毕业于著名的苏州桃坞中学。著名作家钱钟书就是桃坞中学的校友。桃坞中学多数课程采用英文授课,聘请了许多外籍教员,他坦言这对他之后拓展学术视野非常有帮助。1948年,刘元方参加全苏州市高中生英语演讲比赛,在美国和加拿大评委的掌声中获得冠军。高中毕业后,他来到上海沪江大学学习。桃坞中学打下的科学基础,加上沪江大学名师的点拨,刘元方投入化学专业门下,如鱼得水。1949年,上海解放。年轻的刘元方和他的朋友希望到北方参加革命工作——北京是不二的选择。由于沪江大学是一所教会学校,出于转学方便的考虑,刘元方选择了北京的一所教会大学——燕京大学。

"转学也是要考试的,科目就包括英语,和现在的学生考托福类似,考卷有几十页,很厚。"刘元方说。他很快地答完考卷,交给监考人员。教务处的老师看过考卷后十分满意,对他说:"你可以来西语系读二年级。"他说:"我是来学化学的,我想去化学系。"

刘元方说,在科研道路上,熟练的英语非常有帮助,"因为对英语比较熟,可以阅读很多国外文献,研究视野比较开阔,资料比较丰富。"他还上过俄语速成班,自学过德语。《刘元方文集》收录的第一篇论文《北大-Ⅱ号超速气体离心机》中就引用了德文和俄文文献。他说:"在制造高速离心机时,国内根本就没有这方面的资料,我们团队凭借阅读德文和俄文资料完成全部的设计工作。"

1975年,周恩来总理接待了美国高级科学家访华代表团。前文提到的1951年诺贝尔化学奖得主西博格教授——后来刘元方在美国的导师——就是代表团的成员。我国原子能科学事业创始人钱三强教授负责相关接待工作,但一时找不到既懂放射化学,又熟练掌握英语的人能完成翻译西博格演讲的工作,他很是着急。

有人推荐了刘元方。

尽管十年间繁复的体力劳动代替了精深的学术思考,英语技能更是难以得到锻炼,但刘元方的学术根基和英语水平还是得到了西博格的高度赞赏。西博格(Seaborg),这位把自己名字印在化学元素周期表上(Seaborgium,化学元素周期表第106号元素,Sg)的放射化学巨擘对他说:"你学的是放射化学,我能不能请你到我的实验室来工作?""能!"一次机缘,英语牵线,刘元方前往世界著名的美国劳伦斯贝克莱国家实验室从事放射化学研究,并做出了杰出的成绩。

刘元方切身体会到国际化的研究背景对科研的帮助,他非常鼓励学生学好英语,多读英文著作,多欣赏英文视听作品,并利用机会到国外交换或者参加国际学术会议。刘元方所在的北京大学化学与分子工程学院在学生国际化培养方面做了许多工作,他对此很高兴。"搞学术研究不能坐井观天、盲目自大,要知道国际上都在做什么、做到什么水平。"

1919年1月,蔡元培在《〈北京大学月刊〉发刊词》中说:"所谓大学者,非仅为多数学生按时授课,造成一毕业生之资格而已也,实以是为共同研究学术之机关。研究也者,非徒输入欧化,而必于欧化之中为更进之发明；非徒保存国粹，而必以科学方法，揭国粹之真相。"教学与科研兼顾，引进与吸收结合，这是蔡元培的叮嘱。

王恩哥为刘元方颁发"蔡元培奖"（2013年）

刘元方完成了蔡元培的嘱托。他也嘱咐年轻的学者在科研上努力创新，在教学中专心育人。"化学学院要求每一位教授都要给本科生上课，这是很好的。教学生一分，自己至少得懂五分，教学和科研能相互促进。老师能教好一门课，是需要花大工夫的。"

我1952年毕业于燕京大学，之后就一直在北大工作，从年少的助教到如今白发苍苍的老教授，我见证了北大这六十一年来风风雨雨、坎坎坷坷的发展历程。期间，我也得到了锻炼、培养和一点成就。今天能获此殊荣，衷心感谢大家对我的鼓励和厚爱。

这是刘元方获得"蔡元培奖"的感谢辞。

（文/靳戈）

杨芙清
为国奉献 我之所愿

杨芙清，女，1932年生，江苏无锡人，计算机软件科学家和教育家，中国科学院院士，IEEE Fellow。1958年北京大学数学力学系研究生毕业，现任北京大学信息科学技术学院教授，北京大学信息与工程科学学部主任，软件工程国家工程研究中心首席科学家，软件与微电子学院理事长、名誉院长。长期从事系统软件、软件工程、软件工业化生产技术和系统等方面的教学与研究工作。主持研制成功我国第一台百万次集成电路计算机多道运行操作系统和第一个全部用高级语言书写的操作系统。倡导和推动成立北京大学计算机科技系，1983—1999年担任系主任期间，将该系建成国内一流和国际知名的计算机科学技术研究和人才培养基地。在国内率先倡导软件工程研究，创办了国内第一个软件工程学科；开创了软件技术的基础研究领域；主持了历经四个五年计划的国家重点科技攻关项目——"青鸟工程"，为国家软件产业建设提供了技术基础；创建了软件工程国家工程研究中心，促进了科研成果产业化。提出"人才培养与产业建设互动"的理念，创建了以新机制、新模式办学的示范性软件学院；提出了"三类三级"的软件工程教育体系；提出了工程博士培养的目标、模式和体系。为我国计算机科学技术发展、学科建设和软件产业发展做出了重要贡献。发表论文150余篇，著作8部，培养了150余名硕士、博士和博士后，多次荣获国家级、部委级科技成果奖励及荣誉称号。

一位江南才女在未名湖畔成长为光彩照人的燕园红梅,她把无悔的青春献给党和国家,她的事业在奉献和坚持中成为永恒。她说,为国奉献,我之所愿。中国第一台百万次计算机操作系统的成功研发以及中国第一个用高级语言书写的大型操作系统饱含她的心血。

北大青鸟在她手里放飞,软件科学在她怀里成长,人们亲切地称她为"燕园青鸟",她睿智而又执著的目光一直关注着中国的计算机软件科学,一刻也不离开。"蓬山此去无多路,青鸟殷勤为探看"正是她无比热爱的事业的真实写照。怀着那份炽热而又真挚的报国热情,她几十年如一日地付出,开拓、进取、勤奋、认真,她成为中国软件开拓者。

"八五"攻关期间,杨芙清在软件工程研究所实验室

经历了时代的洗礼和岁月的冲刷,在耄耋之年,她仍然为我国计算机软件事业的发展孜孜不倦地劳作着。她不仅是一位科学家,

更是一位教育家。70岁开始倾心于软微学院的创建与发展，80岁又开始关注工程博士的培养，探索工程技术领军人才培养新模式，她一直都走在教育创新的最前沿。从教五十四载，辛勤耕耘，教书育人之志历久弥坚，如今早已桃李满天下。"待到山花烂漫时，她在丛中笑"。获得荣誉无数的她却一直保持着平和、坦然的心态，看淡一切荣誉和奖励，但对于中国计算机软件的未来，她甘当中国软件科学的铺路石，殷切期盼和种种努力无不彰显着这位科学家崇高的家国情怀和无私的奉献精神。

"穷且益坚，不坠青云之志"。杨芙清用八十年的风雨历程谱写了一部为国奉献的壮丽诗歌。

江南才女，燕园红梅

1932年11月6日，江苏省无锡市留芳声巷杨家大宅院传来清脆的啼哭声，杨芙清出生了。父亲杨介辰期望着女儿能够像她的名字一样，如莲花一样清新高雅，品格出众，才气过人。杨父没有想到的是，在不久的将来，有着花朵般小脸庞的杨芙清会成为祖国的栋梁，为中国的计算机软件事业做出重大的贡献。

杨芙清初中与高中就读于无锡市第一女子中学，这是一所百年名校，在这里她就小荷初露尖，成为同龄人中的佼佼者。中学时，兴趣广泛的杨芙清既被选入篮球队、排球队，又是舞蹈队、宣传队成员，郊游、义演等各项活动都很积极。在这里，她受到了良好的启蒙教育，养成了勤于思考、刻苦努力的学习习惯，并树立了追求真理、探索科学的远大理想。

无论何时回忆起无锡一女中的生活，杨芙清都会感慨万千，因为她在那里度过了人生道路上"启蒙、奠基、起步"的重要阶段。无锡一女中的老师们启发了她对数学、文学、体育、文艺等的浓厚兴趣，调动她的潜力，为未来打下了坚实基础。在日后多个场合，杨芙清都谈到中学是人生的启蒙阶段,这都归因于她在中学时代就受到了良好的教育。"滴水之恩,当涌泉相报",在2006年无锡第一女子中学复校后,她担任"名誉校长",并为学校设立教奖学金,她希望"为母校尽些绵薄之力"。

1951年夏天,杨芙清以全校第一名的成绩从无锡第一女子中学高中毕业。怀着对华罗庚先生的崇敬,她在高考时选择了清华大学数学系,功夫不负有心人,高考揭榜后,她如愿以偿。

1952年,全国大规模院系调整,杨芙清和同学们一起从清华园来到燕园,来到未名湖畔。从此,燕园多了一位品学兼优的江南才女,未名湖畔多了一枝寒冬红梅。在燕园,杨芙清不但学习优秀,还是活跃的文娱积极分子,担任了北大校学生会的文化部部长,校舞蹈队队长。当年越南胡志明主席来华访问时,杨芙清和她的伙伴们就被请到中山公园演出过"红绸舞"。

"勤奋和严谨是在读大学时养成的好习惯,我一直保持到现在。"杨芙清这样说。在大学阶段,杨芙清认为自己最大的收获就是学会了科学的学习方法,通过数学课的严格训练,培养出严密的逻辑思维,学到了分析问题、解决问题的方法,为以后的科研、教学工作都打下了扎实的基础。

"梅花香自苦寒来,燕园红梅渐含苞",这正是对杨芙清大学时代的真实写照。就这样,杨芙清踏上了攀登科学高峰之路。

为国奉献,我之所愿

1955年,杨芙清以优异的成绩毕业,并留校师从徐献瑜教授,成为北京大学培养的我国第一个计算数学专业的研究生。而当时,我国的计算机事业还是一片空白。1957年,为了研制中国自己的计算机,国家决定派代表团去苏联科学院学习计算机技术,杨芙清由导师推荐,赴苏学习计算方法和程序设计。杨芙清虽然觉得从基础数学到计算数学又到程序设计，距她所追求的华罗庚式的数学家愈来愈远了，但她相信这是从国家发展需要出发，"只要是国家需要的，我就应该去做，而且要做好！"这样一个单纯的行为，使她抓住机遇，进入了一个新的学科领域。从苏联科学院计算中心学习程序设计后，她又奉命转入莫斯科大学数学力学系，师从计算科学家米哈依尔·罗蒙诺维奇·舒拉勃纳学习程序设计自动化。舒拉勃纳曾多次对赴苏访问的中国学者说："我有一个非常出色的中国女学生——杨芙清。她是一位思维敏捷、富有创造性的软件科学家。"

1957年11月17日，注定是杨芙清和所有留苏学生终生难忘的一天。那一天，毛主席率邓小平、宋庆龄等国家领导人来到莫斯科大学。杨芙清在礼堂聆听了毛主席的亲切教导："你们青年人是早晨八九点钟的太阳，世界是你们的，也是我们的，但归根结底是你们的。"毛主席的讲话让杨芙清心潮澎湃，热血沸腾，激励着她一步一步地迈向计算机软件的学科领域。在苏期间，杨芙清独立设计和实现的"分析程序"（逆编译程序），以其独创性，被西方杂志称为"程序自动化研究早期的优秀工作"。

1962年，北京大学拟选派学习程序设计的杨芙清去十二个社会主义国家在苏联杜勃纳成立的联合核子物理研究所工作。她回家看望了刚满周岁、尚在咿呀学语的儿子，二次赴苏，以中国计算机专家的身份来到杜勃纳联合核子物理研究所，负责科学计算。她努力学习核物理基本概念，及时总结程序设计的规律，积累有关资料，为回国后开展有关计算机科学技术的研究奠定了基础。

1969年12月，国务院正式向北京大学下达了研制每秒100万次的大型计算机——150机的任务。这是我国为解决石油勘探问题而研制的百万次大型计算机，如能研制成功，不仅是中国计算机科学的重大突破，也是我国石油勘探数字化的第一次革命，国防工业、气象等部门及众多科研工作都将因此而获益。37岁的杨芙清被分配负责指令系统文本和操作系统的设计。面对无技术、无资料、无经验的重重困难，许多人信心不足。但是她想：我们中国人一定要争口气，把它研制成功。

150机是运算速度为每秒100万次的大型计算机，研制时首先得设计出指令系统。杨芙清在讨论的基础上，负责编写指令文本。文本涉及上百条指令，是一项十分精细、繁琐的工作。在反复修改中设计出一版、二版、三版，直至最后定稿，杨芙清不知付出了多少心血，熬过了多少不眠之夜。写出了指令文本后，她又率领软件组的科技人员经过一年多的艰苦奋战，终于设计出150机整套操作系统软件。

由于150机的软硬件同步研制，在硬件尚未完成的情况下，为了调试150机操作系统，杨芙清不顾晕车之苦，和研制组一起背着资料千里迢迢来到大庆油田。他们创造性地在大庆油田现有的108乙机上编写了一套仿真程序，用其对150机的硬件进行模拟，并在模拟得到的"虚拟机"上调试150机操作系统。为了节约时间，他们硬是把庞大复杂的程序和数据都装进脑子里，以期对调试中的问题能及时思索、推理和解决。在爱国热情的激励下，他们十几个人干劲十足，昼夜倒班，每天只睡两三个小时，除去吃饭、睡觉外，都在工作。在大庆调试的日子里，气管炎犯了的杨芙清根本不舍得休息，任凭咳嗽不止，她照样咬牙坚持。

按常规，要把150机操作系统全部调通，至少要半年时间。但是杨芙清带领的课题组经过日夜苦战，仅用了23天就在大庆的108乙机上把"百万次"多道运行操作系统调试成功。喜讯传出之后，在同行中引起了很大震动。很多同行都觉得：北京大学创造了一个奇迹。杨芙清说，当研制组带着成果凯旋的时候，感到天特别亮，浑身有使不完的劲儿。

操作系统的调试成功，有助于硬件调试的进展。在软、硬件科技人员共同努力下，1973年7月的一天，当时杨芙清在机房整整干了一夜，第二天凌晨，从200号的机房里传出清晰、嘹亮的"东方红"乐曲声,整个 200 号轰动了。它向人们宣告:中国第一台百万次多道运行计算机——150 机研制成功了!1978 年,150 机荣获全国科学大会奖。

150 机研制成功后,等待杨芙清的是又一个巨大挑战——240 机。1973 年,中国根据全球电子计算机的发展形势,提出了研制中国系列机计划。杨芙清参与了 200 系列机软件的总体设计,负责系列机操作系统文本设计和 240 机操作系统设计。若将 150 机的软件设计形象地比喻为一群年轻人在一张白纸上创作出第一幅画卷,如果说这是特殊环境下的一副高科技重担的话,那么 200 系列机软件系统设计更是一副充满创新色彩的超级重担。

命途多舛的 240 机同样承载着杨芙清无数个日夜的辛勤付出。240 机操作系统曾面临下马,杨芙清用爱国热情和炽热的事业心感动了领导小组,但是最后也未摆脱中断的命运。党的十一届三中全会召开后,杨芙清依托北京大学计算机科技系重组 240 机操作系统攻关队伍。虽然,240 机操作系统下马前采用的"模块组合结构"在当时并不落后,但在重新上马后,杨芙清参考国际上先进的"管程"概念,为 240 机操作系统设计了"层次管程结构"模式和 PCM 设计方法,并用系统程序设计语言 XCY 书写了 240 机操作系统。事实上,原先的总体设计是杨芙清带领十几名科研人员经过三年的苦干才完成的,如果推倒重来,三年之功将毁于一旦。面对经费不足、时间成本大等问题,杨芙清毅然决定:"推倒原来的设计!按层次管程结构重新设计 240 机操作系统,决不能让 240 机操作系统一问世就带上落后的帽子!"杨芙清的精明、果断和责任心,赢得了课题组全体成员的尊敬。事实上,这个决定最后被证明是富有远见的,"先进的结构,为日后我们赢得了大量的时间和财富"。

在杨芙清的主持下,课题组经过一年多的攻关,240 机操作系统终于设计成功,并根据用户的需求,又设计了 240 机实时操作系统。

操作系统设计成功之后,接着就是调试了。而当时北京没有一台能供240机操作系统调试的计算机,杨芙清只能率领课题组几度南下北上,上海、常州、大连、西昌等地都留有他们的足迹和汗水。他们经过长期苦战,克服重重困难,终于在1981年完成了240机操作系统全部程序的调试工作,这是我国第一个用高级语言书写的大型机操作系统。1985年,240机操作系统荣获电子工业部科技成果一等奖,杨芙清参与设计的系统程序设计语言XCY也获得国家教委科技进步一等奖。面对荣誉,杨芙清和她的团队们都露出了欣慰的笑容。杨芙清感慨地说:"八年抗战,终于结出了硕果!"

温家宝总理接见高等教育国家级教学成果奖获奖代表时与杨芙清亲切握手表示祝贺(2005年)

"为国奉献,我之所愿"。杨芙清经常这样说。面对国家需要,杨芙清从未想过退缩,而是奋勇当先。正是这种崇高而又执著的信仰,指引着杨芙清在学术科研之路上不断创新,取得了一个又一个成就。

青鸟振翅,软件腾飞

240 机操作系统的成功,使杨芙清成为中国计算机软件科学领域的一颗冉冉上升的科技明星,但她并未自我陶醉于已有的成绩。

当时国内外公认计算机软件存在"复杂程度高、研制周期长、质量难以保证"的三大难题。国外早在 20 世纪 60 年代末就出现了"软件危机",要求发展软件工程的呼声日益高涨。自 20 世纪 70 年代后期,杨芙清就开始探索和研究软件工程的基础问题,1980 年,她在北京大学组织了全国第一次软件工程研讨会,引起国内学术界的极大兴趣。1983 年,她开始研究软件工程核心支撑环境,被定为国家"六五"科技攻关项目,从此拉开了著名的"青鸟工程"的序曲。

"青鸟"一名的来源,还有一个有趣的故事。"1991 年,国家计委决定举办七五科技攻关成果展,我们的软件系统有幸作为软件的代表参展。当时参展的集成电路设计系统取名'熊猫',他们优先占有了国宝的名字,我们取什么名呢?课题专家组绞尽脑汁,试图起一个好的名字。一次会议上,周锡令教授念起了李商隐的诗句:'蓬山此去无多路,青鸟殷勤为探看。'周老师的话音未落,就被一片叫好声打断了。青鸟,是我国古代传说中西王母的信使,赤首、黑目、三足,专司西王母与人间信息的传递。专家组为七五攻关成果取名'青鸟',正是希望为我国软件产业的起步和腾飞做出贡献,不断推动产业的发展。"杨芙清回忆青鸟命名时这样说道。

研发青鸟工程的主要目的是为了推进软件生产手段的变革,通过工程化开发方法、工业化生产技术,建立标准规范,提供支撑工具和环境,让软件设计从手工作坊式变革为工业化生产。青鸟工程总体上可以分为两个阶段:第一个阶段从 1983 年到 1995 年,主要是围绕结构化和面向对象软件开发方法和技术,研制了"大型软件开发环境青鸟系统"系列;第二个阶段从1996年一直延续至今,主要探讨基于构件/构架的软件工业化生产技术,研制了"基于构件复用的软件生产线系统"系列。青鸟工程近三十年的实践,集中体现了我国软件工程研究从跟踪、跨越到进入国际先进行列的过程。

1993年,微软总裁比尔·盖茨访华时,杨芙清是他特别提出想要拜访的两位科学家之一,另一位是德高望重的科学界老前辈周光召先生。在参观并动手操作了青鸟系统之后,他承认"中国的软件开发已达到很高的水平"。盖茨第二次专程到北大访问,宴请的名单上又少不了杨芙清,再次来则又邀请杨芙清作专家座谈会的嘉宾,还专门讨论了软件教育和软件人才培养问题。1996年,在青鸟工程成果基础上,国家计委批准北京大学成立软件工程国家工程研究中心,由教育部主管,这是我国第一个"国家级软件工程研究中心",负责青鸟工程成果的转化,为科技界和产业界搭起桥梁,形成纽带。

杨芙清与美国微软公司总裁比尔·盖茨(右二)、微软亚洲研究院院长沈向洋(右一)讨论教育问题(2004年)

经过四个五年计划的连续攻关，大型软件开发环境青鸟系统逐步完善，标志着我国的软件产业开始从手工作坊式向工业化生产方式迈进。对于青鸟工程，杨芙清笑着说："我很欣慰的是，我没有带错路，也没有带错方向，因为我们始终坚持为国家战略需求服务。"

杨芙清说："青鸟工程是全国软件界的大联合、大会战的成果。产学研、老中青结合，很多年轻人自称为小青鸟，把他们的孩子称为小小青鸟。现在，当时的小青鸟很多已成为软件界的骨干和学术带头人。"而今天，一只巨大、美丽的青鸟直冲苍穹，而无数的小青鸟跟随而上，簇拥着，飞向远方。

杨芙清主持的青鸟工程为中国软件产业的发展奠定了坚实的基础，她在软件工程领域的成就受到国际同行的高度认可和推崇。

回顾自己的科研经历，杨芙清说："作为一名科技工作者，不但需要知识和智慧，更需要胆识和勇气，而且要坚持不懈，只有敢于创新、甘于寂寞，才能享受成功后的喜悦。自主创新是科技发展的灵魂，自主创新必须要有前瞻性，唯有如此，才能站到世界前沿，才能适应发展的需要。"

杨芙清对"团队"特别重视。"软件学科是工程学科，本身就是群体行为，任何一个项目一个人都是做不出来的，只有团队协作才可能办好事情。"杨芙清说，"过去讲个人奋斗，个人的奋斗很关键。但科学发展到今天，科研工作需要一批人、一代代接力棒似地去完成。"

然而，要带领一个团队，甚至培养一个团队并不是件单纯学术范围的事。从1969年带着一群二十多岁几乎不懂计算机的年轻人，到青鸟工程时协调多家单位的科研工作，再到多年来在北京大学培养软件工程的后继力量，杨芙清总能做得很好。她的很多学生成为学术带头人，有的已经成为中科院院士，有的成了行业和部门的学术领导。

杨芙清说："作为一名科技工作者，必须要有目标，要有理想，更要有从事创新工作的团队。""以事业凝聚人，以创新吸引人，以爱心团结人，以机制稳定人"，以身作则，才能凝聚团队，才能团结一致，共同奋斗，有所成就。这是杨芙清一直以来的团队建设理念。

张效祥院士对杨芙清有这样的评价：

> 芙清院士的治学为人，我以为可用"远见、胆识、韧性"六个字来概括……她对我国软件工程开拓性的研究和对软件复用和构件技术应用的倡导和引领，都是成效斐然，富有远见……她总是在关键时刻勇于提出和承担高水平、高难度的技术课题，力擎重负，奋力攻坚，展现出她过人的胆识和毅力。任何可观的事业，都不乏艰险和坎坷。难能可贵的是，她能甘于寂寞，坚韧不拔，长期固守，不懈求索，厚积薄发，颇有建树。兼此三点，勾勒出芙清院士的成功之路！

一直以来，杨芙清都时常感激她的导师徐献瑜，她最难忘的老师，更是她走进新领域的引路人。"从先生身上，我学到了导师的含义、胸怀和职责，使我终身受益。"杨芙清这样说道。徐献瑜教授志存高远、淡泊名利以及面对风云时的潇洒从容、高洁睿智对杨芙清的影响是深远的。

恩师于无声处对杨芙清的影响更是严谨、求实的治学之风和关爱育人的为师之道，这一点杨芙清的学生都感受到了。

"自1992年师从杨芙清院士从事博士后研究工作起，十几年来，受教于恩师良多，从如何选方向、治学和研究，到如何做事和为人，从如何深入解决具体问题，到如何把握宏观大局，从如何身体力行、完善自身，到如何带领团队、凝聚合力，从如何做好学生，到如何教书育人，林林总总，难以一一列举。恩师对我信任有加,不断委以重任,让我在磨练中成长,每念于此,益觉责任重大,非殚精竭虑,无以回报师恩。"她的学生、中国科学院院士梅宏在 2008 年庆祝杨芙清院士从教五十年会议上动情地说。

"杨先生对人宽严相济,言传身教。痛恨弄虚作假,痛恨急功近利,痛恨见利忘义,因此,在她身边工作的人无不兢兢业业,不敢稍有懈怠……我们年轻后辈教师要向杨先生学习,传承科学精神、传承人文精神、传承治学精神,学为人师、行为世范。"教育部原副部长、现中国科协副主席赵沁平教授这样说道。

"杨老师师德高尚,在学术上严格要求,一丝不苟,是有名的令人敬畏的'严师',修改学生论文时连一个标点符号错误都不放过。杨老师非常注重对年轻人的指导和培养,在教学科研中多为年轻人创造机会,不仅让我们承担重任,在磨练中成长,更时刻严格要求,认真把关。但在生活上,她却有着慈母般的胸怀和无微不至的关爱。"北京大学信息科学技术学院教授、计算机科学技术系主任陈钟这样讲道。杨芙清 79 级的硕士生、现任工业和信息化部电子科技委副秘书长的柳纯录则从学生和同事的角度对杨芙清的学术思想和风格做了五个字的概括:"新、实、严、博、活"。新,就是与时俱进,不断创新;实,注重实践,讲究实效;严,治学严谨,严格要求;博,博采众长,博学多才;活,方法灵活,不墨守成规。

杨芙清一直坚持"德育为先,能力为重",先做人,再做事,只有做好人,才能做好事。五十多年来,她培养出一百多位硕士、五十多位博士和博士后,其中很多人早就做了教授、博导和产业精英,可谓"桃李满天下"。正如杨芙清会议室中悬挂着的那幅"十年树木,百年树人"的巨大油画,她在细心栽培每一棵树,为中国计算机软件科学的未来储备人才。"精心育英杰,心系国与家"。正是怀着这种思想,才有她在计算机软件领域研究中取得的多个"第一"的成就。"开拓、进取、勤奋、认真"这八个字贯穿了她的一生,也是她为人为师、做学问的宗旨。

杨芙清的老朋友、南京大学徐家福教授这样评价杨芙清:

> 德才兼备,德居先,德为本,故今中外,概莫能外。尤为要者,身教重于言教,以身作则,无声胜有声。芙清于此,堪称楷模。

求实创新,严谨育人

杨芙清不仅仅是我国著名的计算机软件科学家,而且是一位具有创新教育理念的教育家。

早在1974年,杨芙清完成150机操作系统后,就及时把操作系统研制的实践经验整理出《管理程序》,成为当时从事计算机系统研制者们的启蒙教材,也成为操作系统的第一代教材。

回顾北京大学计算机科技系和北大软微学院的发展历程,我们更能感受到杨芙清,作为管理者和设计者,在推动计算机软件教育变革中闪现的智慧与远见的光芒。

1978年,杨芙清积极倡导并推动成立了北京大学计算机科学技术系,后来成为该系的第一位教授和博导,并从1983年开始任系主任达十六年。期间,杨芙清主持建设了"计算机软件与理论"学科,注重培养教学科研骨干,加强师资队伍建设,努力创建一流的教学和科研环境,高质量地完成了一批国家项目,带领该系成为国内一流和国际知名的计算机科学技术研究和人才培养基地。1998年,杨芙清在计算机系成立二十周年大会上感慨地说:"回顾二十年的历程,无不凝聚着全系师生员工艰苦创业、争创一流的创新劳动。计算机科技系今天能无愧地说,我们已经是国内一流,部分学科是国内领先,国际上具有一定影响。我们今天的一切真是来之不易!是心血的凝聚,是事业的凝聚,是团结奋斗的结果。"这发自肺腑的话,是杨芙清在计算机学科建设、人才培养之路上辛勤耕耘的真实写照。

2001年，国家教育部和国家计委下发了试办示范性软件学院的通知。"我意识到这是又一个发展契机、又一个崭新的创新平台，它既是解决软件人才匮乏的重要举措，又能实现人才培养新模式和创办高质量学院的探索。"杨芙清说道。

看到这个难得的机遇，杨芙清立马就投入到北京大学软件学院（2004年后更名为"北京大学软件和微电子学院"）的筹建中。她提出了"人才培养与产业建设互动"和坚持"学生是主体、教师是主导、质量是准绳、服务是手段、终身教育是目标"的教育理念，制定了"坚持创新创业，坚持面向需求，坚持质量第一"的建院宗旨，确立了"面向产业、面向领域，培养高层次、实用型、复合交叉型国际化人才"的培养目标，提出了"专业教育学分制，素质教育学苑式，产、学、研、用一体化"的办学模式，明确了"全方位深入开展国际合作"的发展战略。这些全新的教育理念，体现了杨芙清作为一位教育家的远见卓识和深谋远虑。2005年，"北京大学示范性软件学院建设"项目荣获高等教育国家级教学成果一等奖。

杨芙清指导博士生修改论文（2002年）

从 70 岁开始挑战探索工程教育新模式，到今年 80 岁，杨芙清在软微学院为了国家产业需求培养应用型工程技术人才，度过了呕心沥血、奋斗奉献的十年。

北大软微学院走过的十年是创新教育的十年，杨芙清用最精炼的话总结了软微学院的十年发展："建设示范性软件学院的四大支柱是：市场需求是人才培养的目标；国家政策提供了创新创业的平台；北京大学的综合优势和创建世界一流的目标是建设软件学院的机遇和动力；创新创业的理念是软件学院建设的关键。"

2012 年，在"北京大学软件与微电子学院成立 10 周年暨首届工程博士开学典礼"大会上，杨芙清在"面向国家战略需求培养工程技术领军人才"的报告中，为北京大学工程博士培养模式提出了新目标和构想。80 岁又开始关注工程博士的培养，探索工程技术领军人才培养模式，她一直都走在教育创新的最前沿。

杨芙清对于教育有自己独特的理解。她说，古人云："师者，传道、授业、解惑也。"传道，就是传授做人之道，做人应该胸怀理想与抱负，从国家的需要出发。授业，即为传授做学问的方法，举一反三，在这个岗位上可以优秀地完成工作，换了另外一个地方，应该做到同样的游刃有余。对于解惑，杨芙清提出了自己的见解。"解惑"是古人的看法，在现在，则应该是"启惑"，老师应该启发学生的智慧，帮助学生发现问题，让他们自己寻找解决的办法，这样才能从中体会到学问的精髓，"传做人之道，授做学问的能力，教学相长，共同成长。"IBM 资深专家、曾在软微学院担任服务科学与工程系系主任的童缙博士认为："'解惑'改为'启惑'，这一字之改就将高等教育的精神发挥得淋漓尽致。师徒相承是消极的薪火传递，青出于蓝才是更上层楼的真谛。"

一个国家，一个民族，总要有一批心忧天下、勇于担当的人，总要有一批为国奉献、开拓进取的人。他们忧心国家和民族的未来，他们为未来的事业开辟道路，他们对明天寄予厚望。

"将一生与祖国的兴旺、民族的发达联系在一起,并为此终生奋斗在自己的岗位上,是最有意义不过的了。"这句话用来形容杨芙清院士是再合适不过的了。北京大学前校长许智宏院士在《杨芙清文集》(第二辑)序中将"老当益壮,宁移白首之心"送给杨芙清。已经度过八十岁生日的杨芙清,为国奉献了几乎全部精力的她依然记得在青石板小学堂读过的名句——"穷且益坚,不坠青云之志"。她说,她的一生注定要这样度过。

　　杨芙清院士的人生,是创新的人生,是奉献的人生,是奋斗的人生,也是青春永驻的人生。

　　记者后记:与杨芙清院士约定采访事宜的时候,她正在参加一个活动。杨芙清院士从会场急忙赶到办公室,步伐矫健,满面春风,很难想象她已是一位年过八十岁的老人。采访过程中,平易近人、和蔼可亲的杨芙清院士慈祥地向记者讲述一个又一个故事,语气时而平静却透着坚定,时而激动富有感染力,带记者走进那充满艰辛而又精彩纷呈的峥嵘岁月。

　　大师风范,就是这样。

(文/龙茂乾)

罗豪才

静于书斋　观至天下

罗豪才，1934年生，福建安溪人，法学家，新中国行政法学开拓者之一，行政法平衡理论提出者，中国软法理论倡导者。1960年毕业于北京大学法律系，现为北京大学文科资深教授，博士生导师，政府管理学院院长，中国人权研究会会长。曾任全国政协副主席、中国致公党中央主席、中国和平统一促进会会长、最高人民法院副院长、中国侨联副主席、北京市侨联主席、北京大学副校长、中国法学会副会长、中国法学会行政法学研究会会长等职。主编了行政法学统编教材《行政法学》(1989)，获司法部优秀教材一等奖并被翻译为日文；主编《中国司法审查制度》(1993)，获国家教委人文社科优秀成果二等奖；论文《行政法的核心与理论模式》(2002)获北京大学"改革开放三十年人文社会科学研究百项精品成果"奖；合著论文《公域之治的转型：对公共治理与公法关系的一种透视》(2005)获中国法学优秀成果奖一等奖；合著专著《软法亦法——公共治理呼唤软法之治》(2009)获第二届中国法学优秀成果奖著作类一等奖，并译为英文在美国出版。除了在法学研究领域成绩卓著外，他还直接参与了国家民主法治建设，推动了法治进程。1986年兼任全国人大常委会法工委行政立法研究组副组长，参与了《行政诉讼法》等多部行政法律的起草和制定工作，为建立和完善中国特色行政法律体系作出了重要贡献。1995年至2000年任最高人民法院副院长期间，他主抓行政审判和法官培训，对于推动行政诉讼法实施和提升法官素质做了大量卓有成效的工作。1997年至2007年任致公党中央主席和1998年至2008年任全国政协副主席期间，他直接参与政治协商、参政议政和民主党派建设，运用其政治智慧和法律的力量推动国家政治制度法制化。

他是满怀爱国情怀的海外归侨，也是坚守讲坛几十年的燕园"教书匠"。

他是决然维护法律尊严的最高人民法院大法官，也是享誉政坛的国家高层领导者。

他是新中国行政法学的开创者，也是行政立法的直接参与者和行政法律实施的践行者。

他的一生充满传奇色彩，他人生的每一个角色，都与国家和民族的命运前途紧紧相连。

静于书斋，观至天下，他在北大成长，也从未离开北大。

他，就是罗豪才。

求学之路：狮岛归侨，未名学子

罗豪才，祖籍福建安溪。他的祖父是中国早期华侨，19岁时与乡亲结伴，远走异国他乡。先到缅甸，后迁移至新加坡。彼时的狮城正遭受英国殖民主义者的统治，当地人民备受欺压。1934年3月，罗豪才就出生在新加坡。

1942年2月，时值农历新年，英国皇家陆军向日军无条件投降，新加坡岛上总数约12万人的英军顿时成为俘虏，日军占领了马来亚半岛和新加坡。随后，日本将新加坡改名为"昭南岛"，并展开了以"大检证"为名的"肃清"行动，罗豪才的伯父就是在那时候被日本兵杀害的。年幼的罗豪才还知道自己的小学校长和几位邻居、亲戚也被日军带走了。

在日军占领新加坡的三年多时间里，罗豪才失去了读书的机会。在当修自行车学徒期间，他接触了许多进步人士。日本投降后，他上农会举办的夜校读书。后来家庭经济情况好转，念了两年完小后，跳级考了中学。当他终于能够入读中学时，看不惯英国殖民主义者的残暴统治，经常阅读一些进步书籍，加入了进步组织，积极投身反对英国殖民统治的斗争。1951年4月14日，不幸被新加坡殖民当局逮捕，后监禁一年零三个月，那时的罗豪才只有17岁。

1952年7月，罗豪才由于"出生证"丢失而被无理地驱逐。但是他"很愿意到中国来学习"。在那个夏天，他与同样被驱逐的一些同学和朋友乘船回国，两千吨级的轮船摇摇晃晃，途径海口最终停靠汕头码头。据罗豪才回忆，他记得很清楚，7月22号上船，7月31日晚到达汕头港，但是由于当时局势还有些紧张，他们在船上待了一晚，到8月1号早上才登陆。

虽然年纪相对比较大了，但是罗豪才仍然坚持继续读书。从广州知用中学考入了江苏无锡一中，水韵江南，文化丰盈，底蕴深厚，1956年，罗豪才考入北京大学法律系。他一心一意要考北京大学，但填报法律专业却多半是机缘巧合，只是觉得"法律有些神秘""有用"，也许是出于被新加坡殖民当局"非法驱逐"的愤懑而想学法一探究竟。这看似偶然的选择却成就了中国行政法学研究的一代名家。

自那以后的五十余载光阴，罗豪才都与未名湖畔的这座园子相伴相依。明亮如镜的未名湖水，映衬着他去去来来的身影。北大之于他，是校，更是家。助教、讲师、教授、系副主任、副校长、最高人民法院副院长、致公党中央主席、全国政协副主席，一路走来，罗豪才始终保持着学者的姿态和"教书匠"的职业习惯。他对自己的教学工作和专业研究充满热爱和眷恋。

据罗豪才回忆，第一年的课程非常有意思，学法理学、法的历史，也学逻辑学。胖胖的逻辑老师站在讲台上抱着肚子，讲到形式逻辑的时候举例子，"天下雨，地一定会湿，但是并不能反过来说，地湿天一定下雨"，生动形象，学生们饶有兴趣。但是从第二年开始，反右斗争和整风运动大张旗鼓地开展，课程内容开始更多地讲"反右派""阶级斗争"的内容，教学内容贫乏枯燥。

好在北大的学习环境比较宽松，课堂纪律不那么严格。罗豪才经常跑去"乱听课"，从阶梯教室的后门进去，坐下就听、做笔记，要是觉得没意思，也随时可以走，"老师也不管你，最多看你一眼"。他还经常"乱看书"，东看西看，"杂书"居多，文艺类也不少，那时候读了不少翻译小说，政治书反而看得很少，哲学、文学，兼收并蓄。

当时的北大法律系本科读五年，罗豪才在大四的时候突然接到一纸通知，留校当教员，提前毕业，这有些出乎他的意料。因为北大那时候计划开设东南亚国家法律和语言文化的课程，而罗豪才的档案中记载，他在新加坡被监禁期间曾学过印尼语，于是他就留下了。

那是罗豪才一生事业的起点，但对于当时的他来说，每个月39块钱的工资似乎更具吸引力——解决了吃饭问题，"白牌子换成红牌子了"（指当时北大的校徽——笔者注）。

那个年代，从上到下都敢说敢干。不讲科学，不讲学历，不讲质量，不讲效果。在法律系，四大公共基础理论课（哲学课、党史课、"马列"、政治经济学）都是本系教员来承担，不由学校公共教研室开设。

留校以后，罗豪才被安排在本系法律教员开设的哲学课做助教，后来又做法学流派课程的助教，非专业出身的他硬着头皮上，格外勤奋，不但常常跑去哲学系、中文系听课，还在那段时间阅读了大量的西方经典哲学、法学、政治学著作，如卢梭、黑格尔、孟德斯鸠、洛克、潘恩等名人的作品，他做了很多笔记，为以后的研究打下了基础。他至今仍记得当时黑格尔的《法哲学》自己看不懂，但还要给班上的学生找材料解读这本书。"虽然作为一个教员我是不合格，但是我尽了力了。"回忆起最初留校任教的经历，罗豪才谦和地笑着道。

在那个特殊的年代，法律教育也在艰难地探索出路。"文革"

期间，全国高校法律院系被解散，只剩下北大和吉大两个法律系教师队伍还保留。"文革"后期，针对法律教学是否有价值的问题，当时工宣队指定北大在北京政法系统进行调研，结论是法律还需要，法律系还得办。北大开设了一个试点班，从北京政法系统招收工农兵学员。罗豪才任这个班的班主任并讲授哲学课程，带着大家一起在大兴农村上课。学生有小学程度的，也有初中程度的，水平参差不齐，很难上课，"实际上就是讲讲故事"。当时一同前去的还有著名民法学者佟柔教授，他们两个跟班常驻，其他老师有课才去。罗豪才回忆起那段难忘的日子，和佟柔同吃同住，佟柔知识面很宽，又精通民法专业知识，那半年多的时间，他们常常海阔天空地聊天，更多是聊民法、聊哲学、聊民俗，也有所收获。中国人民大学副校长王利明是佟柔的大弟子，也是新中国第一位民法学博士，提起罗豪才，他的第一反应仍然是"这是自己老师的好朋友"。

1976年唐山大地震，许多学员调去支持抗震，法律试点班也就此解散。

罗豪才对学术的追求孜孜不倦，从青年时代就开始，一直到今天。1980年他参加在荷兰举行的第二届国际法学会大会，面对世界法学界的发展状况，他痛感国内法学研究的落伍和资料的匮乏。因此，他抓住一切机会充实自己。他充分利用自身的归侨身份，通过各种渠道寻找国外宪法和政治制度方面的资料，在赴新加坡探望母亲和弟妹时，一边带着阔别二十多年的相思之苦，一边却一头扎进当地的书店和图书馆里，忙着查找资料。他曾风趣地对新加坡友人说："我算在你们这里留过学了。"1984年，罗豪才以访问学者的身份赴美国哥伦比亚大学进修。在短短一年的时间里，他先后走访了美国、加拿大的二十几所法学院，进行广泛的学术交流与探讨。至今，在北大法律系的图书资料室里，学生们阅读的法学资料，仍有一些是当年罗豪才从国外带回的。

罗豪才在哥伦比亚大学访学期间，在科罗拉多大学（波德校区）法学院作关于中国法的讲座（1984年）

在担任北大副校长期间，罗豪才主张开放办学，积极推动对外交流与合作，曾代表系、校与国外知名院校签订了数十项协议。2006年1月12日，泰国华侨崇圣大学授予罗豪才名誉博士学位，以表彰其在法学领域的成就及在文化、教育等领域为推动中泰友好做出的杰出贡献。为此，原全国政协副秘书长、港澳台侨委员会副主任张道诚还作诗祝贺："罗豪才授博士学位感赋：罗家有男儿，豪情满胸怀。才识学深厚，授业更精彩。博学多专长，士为国民爱。学成为社会，位显耀四海。""过誉，过奖了。这些其实不是我一个人的功劳，而应该归功于我们广大师生的共同努力。"罗豪才谦虚地说。谈到当时的领导汪家镠书记、王学珍书记、丁石孙校长、吴树青校长、郝彬副书记等，以及法学院的老领导陈守一、张国华、赵震江等，罗豪才也一直很感谢他们在工作上的支持和帮助，常常怀念当时的合作共事之谊。

为师之本：蔼然长者，奖掖后学

罗豪才不仅学识渊博，虚怀若谷，在行政法学界享有盛誉，更是一位蔼然长者，善于提携和奖掖后辈，备受敬仰和爱戴。

"作为一名北大的教师，蔡元培先生所讲的'学术'和'人格'的双重魅力，在罗老师身上有着完美的结合。"王锡锌这样评价自己的导师。

自 1960 年留校做助教开始，罗豪才从未离开过北大的讲台。先后辅导、开设并讲授的课程包括西方法学流派、西方宪政制度、美国宪政制度、外国宪法与行政法、行政法与行政诉讼法、比较行政法、行政法基础理论、公法基础理论研究、软法理论等。授课对象涵盖了本科生、硕士生一直到博士生和博士后。1981 年，罗豪才主讲"资本主义国家宪法与政治制度"，在那个特殊的年代，高校法学院系鲜有介绍西方制度的法律课程。北京大学宪法与行政法研究中心主任姜明安教授当时还是一名本科生，在他的印象里，罗豪才开设的讲述外国宪法的讲座生动而有特色，尤其是罗豪才与他人合著《西方资本主义国家宪法与政治制度》作为教学参考书，内容翔实，极为难得。

包万超师从罗豪才先后攻读了硕士和博士学位。作为在罗老师身边时间最长的学生，他对罗老师格外敬佩："大学问，大胸怀，大眼界。"在包万超读研的时候，罗豪才已经是全国政协副主席以及最高人民法院副院长，但是他几乎未因公事繁忙而缺课，甚至极少调整上课时间，即使是在人民政协开会期间，他也会尽快安排好会议事宜，准时赶回北大讲课。在包万超的记忆里，他读书的七年时间，罗老师每一周的授课几乎从未间断。

在教学方法上，罗豪才很早就采用了启发式教学，注重引导学生提问、课堂讨论，充分表达学生自己的观点，"罗老师对待学术上的争论十分宽容，他支持交流、沟通和争辩"，沈岿回忆说。罗老师善于抓住一些根本性的问题，边讲边讨论，启发学生深入思考，在充分争辩的基础上掌握知识。他的授课内容往往是理论研究和实践发展的前沿问题，激发学生研究的热情，培养学生的研究能力、思辨能力和表达能力。罗豪才有哲学的基础，在讨论行政法的相关问题时，他非常善于用一种系统性的思维方式来引导学生，对零碎的部门法律的现象和知识进行系统的观察。在课堂上，罗老师一定会拿纸笔随时记录下同学们讨论时的观点，及时总结教学经验和成果，他主编的很多著作都是博士生课堂讨论成果的汇集。在出版论文集的时候，他会把支持和反对的观点都放在一起，供大家反思。善于发现新的东西，并且鼓励大家在讨论和争辩之中完善新理论，也许这就是他的特点。

作为导师，他并不以自己既有知识结构限制学生的选择。包万超的博士论文是行政法与公共选择，公共选择理论是一种新的政治经济学理论，已经超越了传统法学的疆界，视角新颖。罗老师和包万超一起阅读了大量关于公共选择的英文著作并进行深入讨论，并对包万超15万字的博士论文逐字阅读，提出修改建议。

罗豪才有开放的知识结构，前沿的学术视野，对学术包容的心态，并且与时俱进，总是走在学术的最前沿引导学生。不仅如此，他的严谨和细致也深深地影响了他的学生。包万超1994年到北大读研的第一篇学业论文是关于行政程序法的，手稿写了一万四千字，上交一周以后，手稿返还给包万超。他以为罗老师很忙没有时间看，但是翻开以后他吓了一跳，罗老师不但在文后详细写了三项修改建议，而且用铅笔圈出了文中7个标点符号和错别字。

据沈岿回忆，罗老师与学生有一种"不经意间"的亲近，对待学生十分和蔼可亲，他会在课堂上鼓励大家激烈地讨论问题，也会在课后带同学们去吃佟园旁边的烧烤，"像亲人一样"，虽然有严格的要求，却有说不出的亲切。

"一米八六的大个子，一辆二八的自行车，刹车不灵，双脚一踩地，车就停住了。"上世纪90年代，王锡锌在北大攻读硕士和博士学位，在回忆起自己导师的时候，他笑着讲起这些细节。当时，罗豪才已经是北京大学的副校长，同学们在燕园见到骑自行车的罗老师，都会倍感亲切。一直到90年代末，罗豪才迁居城里前，他一直都骑着那辆刹车不灵的二八自行车，穿行于燕园。

尽管身兼数职且公务繁忙，但在学生眼中，他对教书育人和对学术关注的热情从未衰减。90年代初期，罗豪才住在中关园，离北大的学生宿舍很近，遇到希望讨论的问题，他会直接邀请学生到家里讨论。当时王锡锌住在燕园47楼，罗老师会打电话到楼长室，邀请同学们到家中讨论，"去了还有啤酒喝，所以我们都很乐意去"，"罗老师当时已经五六十岁了，德高望重，但他对我们非常随和，下课后赶上吃饭的时间，他就会带着我们到东门外一起吃小吃"。那个时候，年近六十岁的罗豪才经常和一群二十出头的年轻人，就着热气腾腾的牛肉拉面，继续着课上对行政法的讨论，学生们乐在其中，都说"跟着罗老师不但有书读，还有肉吃"。

"个儿大、官儿大、总喜欢谈平衡论。"在王锡锌的女儿眼里，这是罗爷爷的三大特点。那时候，王锡锌经常带着自己四五岁的小女儿去拜访罗豪才，听大人们讨论的多了，小姑娘也知道了"平衡论"的说法。

桃李不言，下自成蹊。多年来，罗豪才指导了几十名硕士和博士研究生，他们现在已经成长为中国行政法的理论研究和法律实践领域的中坚力量，他们有的服务于我国法治建设最前沿，比如国务院法制办、最高人民法院、最高人民检察院、司法部等部门，有的留在高校及研究机构任教，继续从事法学研究。

罗豪才指导年轻人丝毫没有派系之别、师门之见，只要是向他请教的学生，他都悉心指导，视如己出。

治学之新：平衡理念，软法治理

罗豪才参与开创了新中国的行政法学学科，提出了作为行政法、公法基础理论的"平衡论"，创造性地引入"软法"来回应中国转型社会和公共治理的需求，对中国的司法审查理论有所研究，并对人权的理论问题持续关注。

罗豪才在中国行政法基础理论方面的研究，做出了"他人无可替代"的贡献。他用整体性的、系统性的方法观察行政法领域的零散现象，起到了引领作用。

作为新中国行政法学的开创者之一，20世纪90年代初期，罗豪才率先提出了现代行政法的平衡理论。这可以说是迄今为止行政法学界在行政法基础理论学说方面提出的最为重要的理论之一。回想平衡论提出的经过，罗豪才坦言，他从行政诉讼法的立法实践中受到了很大的启示："参与立法为理论研究提供了一个更深刻的思维空间，我从中受益匪浅。"在立法、司法领域的实践，也使得罗豪才有丰富的现实资源来不断充实和完善行政法的平衡理论体系。作为全国人大法工委行政立法小组的负责人之一，罗豪才参与了多部行政法律的论证、草拟工作；而担任最高人民法院副院长的经历，又使他得以将对司法审查的理论研究与司法审查的实践更好地结合起来。

平衡论在中国有着深厚的文化根基，它主张权利与权力的平衡，重视制约、激励和协商机制的综合运用，追求社会整体利益的最大化。现代行政过程具有任务导向、多中心治理、执法方式和手段多元化、过程民主化等特点，政府角色和行政过程的变化决定了行政法不能简单地偏于"控权"或"保权"，而是趋向平衡。平衡理论是对现代行政法的一种本质思考。平衡论主张，行政法应是既制约行政主体滥用行政权，又制约相对方滥用权利，既激励行政主体积极行政，又激励相对方积极参与行政的平衡法。其重点是制约行政权、保护公民权利。平衡论主张，现代行政法的机制是由制约机制、激励机制和协商机制整合而成的，行政法机制的特点是双向制约和双向激励，既制约行政权非理性膨胀，又制约相对方滥用权利，既激励行政主体积极行政，又激励相对方积极实践法定权利，其中重点是制约行政主体和激励相对方，通过协商机制实现各方主体之间的动态平衡和稳定。平衡论的提出，激发了行政法学者对行政法理论基础的广泛探讨，引发了行政法学界迄今为止最为激烈的一次学术争鸣。因观点独树一帜，又契合中国实际，该理论一经提出，立即引起了法学界的广泛重视。

罗豪才在文章中写道：任何一种希冀揭示人类生活某一方面客观规律的真理性认识或理论，都是建立在关注现实建构和反思历史的艰难历程之上的。自改革开放以来，我国经历着一场人人皆已感知的大规模解构和建构运动，这一场运动涉及经济、政治、文化生活的方方面面，其广度和震撼力令人瞩目。"平衡论"就是在这样的广阔背景中诞生的。

平衡论关注现实并希望对我国的制度和理论建设具有现实意义。依据平衡论基本原理，准确把握立法、执法、司法三个法制环节各自的重心和平衡及各法制环节之间的制约和平衡，可以保证行政法制健康、协调地发展；可以真正实行民主价值和效率价值有机统一的政治制度和行政体制。

罗豪才半个多世纪以来从未停止对学术的追求。

大约在七八年前，已经七十多岁高龄的罗豪才开始关注公共治理与"软法"的研究。"软法"一词最早是在国际法领域被提出来的，从概念上讲是不靠国家强制力，更多的是靠社会的、文化的力量，采取非强制性的方法来实施某种规范。软法是一种"柔性治理"的概念，具有治理主体多元、治理依据灵活、治理方式多样化等典型特征。在全国政协、民主党派和最高法院工作的经历，使得罗豪才对中国法治实践有着深刻的个人体会，基于此，他认为在中国的法治进程中，"软法"在公共治理中的作用不容小觑，他组织了一批博士生来研究"软法"现象并带动了学界在这个方向上的探索。

2005年年底，北京大学法学院成立软法研究中心，这是全国第一个专门研究软法的学术机构，由姜明安教授任中心主任，罗豪才任名誉主任。"但实际上中心是由罗老师牵头，并做了大量工作"，姜明安说。时隔半年，北京大学出版社推出了软法研究中心的第一批成果《软法与公共治理》。罗豪才教授和他的团队敏锐地意识到世界范围内国家管理在衰落、公共治理在兴起这一趋势，在书中撰文指出，公共治理模式由开放的公共管理与广泛的公众参与二者整合而成，超越了传统的管理型思维，强调共同治理，以分散、开放与协商为特征，以目标为导向，大量运用褪去许多命令强制色彩的软性协商手段。公共治理推动公法制度基础的重塑，进而推动公法制度结构的调整。公共治理的兴起要求我们反思和修正传统的"法"概念，推动了软法研究。

2009年，罗豪才和宋功德博士合著的《软法亦法：公共治理呼唤软法之治》一书系统地对软法基础理论进行了阐述并于2013年翻译成英文在美国出版。在该书英文版的公开发布会上，与会中外学者和实务人员对该书的理论意义和实践价值给予了很高评价。

罗豪才说，他在学习研究政协章程和党派章程过程中感受到了软法的存在，并对此作了一些研究和调查走访，得到了政协领导和统战部领导的支持。为了进一步深化软法研究，推广研究成果，促进学术交流，他广泛走访全国各地法学研究机构，分别在人大法学院、清华法学院、厦大法学院、中山大学法学院、安徽大学法学院等院校介绍软法研究成果，听取意见。

软法的兴起和发展有着深刻的哲学背景和认识论根源。软法理论是在现代性反思的基础上出现的，对法学领域内国家垄断法律资源的国家中心主义、司法中心主义倾向和形式主义法律观做了反思，革新了法律理念。软法的兴起使法与国家、国家强制力脱钩，打破了国家对法资源的垄断，扩展了合法性内涵；软法的兴起解决了法概念缺乏层次性的问题，充实了法律形态；软法的兴起丰富了法律的形成、实施诸机制，保证了法律的实效。软法及软法研究的兴起不但是对公共治理的应对与回应，也是人类认识发展的必然，指明了法治发展的趋势。

提倡软法、柔性治理并不排斥硬法的框架和手段，软硬二者需要结合。一个社会完全依靠硬的治理模式不行，完全依靠软性模式也不行，要找到结合点。软法学者倡导一种"一元多样混合法"的治理模式。所谓"一元"就是在宪法之下，而"多样"就是治理的形式应是多种多样，既包括软的方式也包括传统的硬的方式，既要发挥硬法的基础和框架作用，也要发挥软法的延伸和辅助作用，软硬并举。在建设法治国家、法治社会的过程中，既要依靠国家来推动，更要夯实社会共同体自律互律的基础，综合运用软法之治与硬法之治两种方式，全面回应多主体的多样化利益诉求，全方位实现公共性强弱不等的多样化法治化目标。

罗豪才曾在《人民日报》撰文提出："在建设法治国家特别是法治社会的进程中，法治的实现既要依靠国家来推动，更要夯实社会共同体自律互律的基础，依靠多样化的法律规范来保证社会既有序发展，又充满活力。也就是说，只有践行以人为本，综合运用软法之治与硬法之治这两种方式，全面回应多主体提出的多样化利益诉求，才能为全面建设小康社会、和谐社会提供有力的法制保障，才能实现全面建设法治政府、法治国家和法治社会的目标。"

2013年11月召开的十八届三中全会首次提出国家治理体系和治理能力现代化，这与罗豪才一直倡导的公共治理的理念是一致的。

罗豪才是较早接触和研究国外法学的一批学者之一，在国内较早地开始从事国家法、宪法、比较法学等的研究和教学工作，对西方法律制度和政治制度有较为深入的了解，在研究、介绍西方宪政制度、法律制度的同时，积极推动对外学术交流。

1980年，罗豪才与武汉大学韩德培教授、北京大学龚祥瑞教授共同参加在荷兰举行的第二届国际法学会大会（Second International Congress on Legal Science），较早与国际法律学术界进行了接触。在任中美法学教育交流委员会代主席及中方执行主席期间，积极推动中美法学学术交流，尤其是鼓励国内学者走出去。在该委员会存续的14年里，共向美国派出学习进修、访问考察的人员200余人，其中不少人学成回国后成为所在院校法律教学的骨干。与此同时，委员会还多次举办中外法学研讨会，使近千名教师、学生受益。该委员会还每年邀请外国专家来中国8所院校轮流讲学，举办国际学术研讨会。在哥伦比亚大学访学期间，罗豪才享有一项特权，就是可以随时敲联系导师盖尔霍恩教授（Walter Gellhorm）办公室的大门，不需要提前预约。确实，他们就如何研究美国的宪政制度、美国的平衡宪法、行政程序法的价值、司法中心主义等进行了多次交流。通过对各国制度、历史背景关系的探讨，双方都认为对国外制度不能照搬，只能参照借鉴。在哥大一年间，罗豪才一方面广泛收集资料、听取课程，加强自身的学术修养，提升学术水平；另一方面则注意加强跟美国法学教学科研机构的联络，加深了对美国法学界的了解，加强了与法律学人的交流，促进了两国法学界的交流合作。回国时他带回大量法学资料，大大充实了北京大学法律系图书资料室。在任北京大学副校长期间，罗豪才积极倡导与国外交流，曾代表系、校与国外的院校进行交流合作，包括柏林自由大学、洪堡大学、莱顿大学、斯德哥尔摩大学、京都大学、东京大学，以及哥伦比亚大学、芝加哥大学等世界知名院校。

在罗老师指导下的学生，绝大多数都先后去过不同国家进行访问学习，他也会从课题经费里对学生出国学习进行不遗余力的支持，希望学生能在国际化的视野下进行比较研究、不断成长。沈岿回忆说，在他读博士期间，罗老师非常鼓励他"走出去"，在1998年1月份博士论文答辩完成以后，罗老师积极联系他的老朋友、美国哥伦比亚大学法学院爱德华兹（Randy Edwards）教授，安排沈岿出国访问、学习事宜。王锡锌也坦言，他考取国家留学基金委的资助赴美国访问学习，在很大程度上是受到罗豪才的影响和支持。

2007年5月，罗豪才当选为中国人权研究会会长。他说，现在的国际国内形势和人权舆论环境与上世纪80年代末期90年代初相比，发生了显著的深刻的变化，我国人权事业面临着前所未有的发展机遇，人权保障根本上是一个法律问题。

人权问题可以有很多研究视角，从历史上来看，西方国家在资产阶级革命时期主要走了一条通过制约权力、对抗政府来保障人权的路径。而在平衡论看来，在社会主义制度条件下，人权不是通过跟政府对抗来实现，而应是与政府主动沟通、交流、合作以及对政府进行监督、制约和激励，这样才能使整体利益最大化，使制度发挥最大的优势。

中国自古以来就有着丰富的民生、民本思想，而中国政府也历来注重百姓生活和民生建设，中国当下的民生建设蓬勃发展，取得了令世人瞩目的成就。罗豪才认为，民生建设与人权保障都是以人为本，在一定意义上，民生在法律上的表现就是人权。中国的人权建设坚持依法推进、全面推进、务实推进的原则，着力解决人民群众最关心、最直接、最现实的权利和利益问题，以民生为重、以民生为先、以民生为本已成为中国人权建设的特色。中国的人权事业融入中国特色社会主义建设五位一体总布局之中，与经济建设、政治建设、文化建设、社会建设和生态文明建设同步前进。人权得到切实尊重和保障已经成为实现"中国梦"的重要内容。

罗豪才在《人权法的失衡与平衡》一文中写到，人权保障的法治实践，特别是中国改革开放以来人权保障事业发展的经验表明，在公共治理背景下生成和行动的人权法应当是平衡法，对应于和谐的人权保障关系。要解决人权法失衡的问题，必须适应公共治理的崛起，选择开放性的公私商谈模式、遵循理性的衡量标准对人权入法进行审慎权衡。

济世之志：庶民告官，有法可依

百年来，现代中国社会变迁，国家转型，政权更替，革命、战争、运动和改革，使得这个国家处于前所未有的大变局中，而法律在这种巨大的变迁中显示出其维系现代国家的巨大力量，深深地嵌入到现代中国的重建之中。

随着"文革"的结束，国家进入了和平稳定的经济建设时期，政治任务的转型也带动了法律的转型，在建设社会主义法治国家的政治背景下，法律成为政治治理的纽带，把中国逐步带入一个法治国家。法律从履行社会职能的工具发展到保护公民权利的手段，意味着其主要目的在于制约国家权力、保护公民权利，由此在规范社会生活的同时，也在规范国家与社会的关系。而宪法、法律对这些问题给出了制度性的规范。

诚然，行政法学如何服务于建立一个强大的宪政民主国家，不仅依赖理论思考，也必须基于对中国政治和社会现实的考量。罗豪才对法学的研究没有局限在纯理论的范畴，在他担任全国人大常委会法工委行政立法研究组副组长，及之后任北京市人大常委会委员，全国政协常委、副主席期间，直接参与了《行政诉讼法》《国家赔偿法》《行政处罚法》等几部法律的立法准备和试拟稿的起草工作，为建立和完善我国行政法律体系做出了卓有成效的贡献。

从蜚声中外的高等学府，到中国司法的最高殿堂，罗豪才是我国行政立法的直接参与者，也是行政法律实施的践行者，是行政法学研究的推动者。他是新中国行政法学的开创者之一，更是中国行政法治建设的先行者。

他见证了中国行政法治的发展历程。

1986年,《民法通则》颁布以后,行政立法被提上议事日程。全国人大法律委员会顾问陶希晋召集北京部分法学界人士座谈行政立法问题。在时任全国人大常委会委员长彭真和人大常委会法工委主任王汉斌的支持下,在陶老的建议和推动下,1986年10月4日在北京人民大会堂成立了由行政法学者和实务部门专家组成的行政立法研究组。陶希晋、龚祥瑞、张尚鷟、王名扬等应邀担任研究组的顾问。当时的中国政法大学副校长江平担任组长,北大的罗豪才和法大的应松年两位教授任副组长,组员包括全国人大常委会法工委的肖峋等十多人。

行政立法研究组是全国人大常委会法工委有史以来活动时间最长的专家立法组,团结和凝聚全国行政法学的力量,推动和参与了一系列重要的行政立法。"当时中国法学会行政法研究会成立不久,行政立法研究组的成员大多是行政法研究会的干事,"罗豪才说,"可以讲,行政立法研究组汇集了当时行政法理论界与实务部门的精英。"

行政立法研究组的基本任务是:充分研究我国的现实形势和经济与政治体制改革的要求,广泛搜集国内外行政立法的资料;在此基础上,对我国需要制定的行政法应该包含的大致内容提出一个框架,作为一项建议提供给立法机关参考。

行政立法的过程并非一帆风顺。"最初的想法是想搞出一部类似民法通则一样的行政法大纲,但后来发现很难,于是提出借鉴民事立法先有民事诉讼法、后有民法通则的经验,先搞出一个行政诉讼法来,以此来促进行政实体法的出台。在行政诉讼法的起草过程中,我作为行政立法研究组的副组长与小组其他同志一起还参与了多部行政法律的立法调查、考察、讨论试拟稿等活动。"罗豪才说。

1988年8月,行政诉讼法试拟稿终于提交到全国人大常委会法工委。法工委再进行加工,形成草案,提交给全国人大常委会后,由《人民日报》刊登全文,进行全民大讨论,广泛征求意见。草案公布后的两个月内,法工委共收到中央有关部门,各地人民法院、人民检察院的意见书130份,公民直接寄送法工委的意见书300多份。

这是一部备受关注的法律。"不同的观点很多,当时有给人大写信反对立法的,有一次有上百名基层干部签名给人大写信反对通过这部法律,"罗豪才深有感触地说,"行政诉讼法的出台遇到的困难和阻力可能比任何一部法律都要大。"

罗豪才参加"中国西藏文化论坛"(2006年10月)

1989年4月4日,备受瞩目的行政诉讼法在七届全国人大二次会议上通过,自1990年10月1日起施行。它改变了中国历史上缺乏"民告官"的传统,为监督行政机关依法行使职权与维护公民合法权益提供了崭新的机制。随着行政诉讼法的颁布和实施,国家赔偿法、行政复议法及其实施条例,最高人民法院的相关司法解释等行政纠纷化解制度得以逐渐发展和完善,行政纠纷化解基本上实现了有法可依。

罗豪才不仅是行政立法的直接参与者,更是一名行政法律实施的践行者。

他说，行政审判工作与我国民主法治的进程紧密相连。经历了漫长的封建社会，在封建意识根深蒂固的中国，行政审判工作发展如此之快，是很大的进步。这种被老百姓称为"民告官"案件的大量增加，说明越来越多的普通百姓的法律意识在增强，当他们自身的合法权益受到侵害时，能够拿起法律的武器寻求保护，到法院"讨个说法"。

1995年6月，罗豪才出任最高人民法院副院长，分管行政审判工作。他的目标是要推动行政诉讼法的落实。在担任大法官的六年里，罗豪才见证了人民法院每年受理一审行政案件数量的逐步增加。但是中国"官贵民贱"的传统思想已经流传了几千年，想要扭转绝非一朝一夕之事。行政诉讼法实施之后，罗豪才确实感受到了来自现实不小的阻力和压力。

"除了存在百姓不敢告或不知如何告，有的法院发憷，不愿、不敢受理外，更重要的是来自一些行政机关的抵触情绪。"罗豪才说，行政诉讼法在配置权力时一个很大的特点是行政机关只能当被告，而有的行政机关的领导"官本位"的思想根深蒂固，一旦被起诉，立刻火冒三丈，有的拒不到庭，有的甚至打击报复。

1995年4月，"深圳贤成大厦案"在广东省高级人民法院正式立案，拉开了中国"行政诉讼第一案"的序幕。1997年8月11日，广东省高级法院作出一审判决，撤销被告深圳市工商局和外资办作出的注销深圳贤成大厦有限公司、成立清算组和批准成立鸿昌广场有限公司的三个具体行政行为。深圳市工商局和外资办对判决不服，上诉至最高人民法院。1997年12月，该案在最高人民法院二审公开审理，罗豪才亲任审判长，由7位资深法官组成合议庭，开庭时间长达6天。"出庭的当事人代理人有江平、应松年、袁曙宏、马怀德、肖峋等，几乎集中了所有中国行政法学界的精英，旁听席上坐有全国人大，最高人民检察院，国务院各部委，地方各级法院，深圳市人大、政府的有关领导和代表、法律专家以及泰国驻华使馆代表等各界人士200多人,阵容前所未有"。① 在审判长罗豪才主持下,合议庭全体成员合议案件和讨论研究有关法律问题有10次以上,先后召开了6次座谈会,最终,最高人民法院于1998年7月21日作出终审判决,除维持一审判决外,还判决深圳市有关主管部门对深圳贤成大厦有限公司和深圳鸿昌广场有限公司的有关事宜重新处理。这起万众瞩目的"民告官"大案终于以深圳市工商局的最终败诉而尘埃落定。

回顾六年的大法官经历,回顾起与任建新、肖扬等老领导、老同事的共事经历,罗豪才感慨良多:"在依法治国的进程中,公正审判至关重要,每个法官都应视公正审判为自己的天职。"要坚信依法治国的方针强大的生命力,要坚决维护法律的权威。"这几年我干得很愉快。虽说有苦,但也有乐,而且乐的程度要大一些。"罗豪才这样评价他主管行政审判工作的感受。

法官是法律的应用者。高级法官培训班的顺利举办为行政审判工作做出了很大贡献。"我们预感到培养一批行政法官已是迫在眉睫。"罗豪才回忆道。1989年9月至1990年7月,北大和最高人民法院法官教育培训中心合作,举办了高级法官培训班"行政法专业班"。"主任是当时最高院副院长祝铭山,我任副主任。"罗豪才说,这期培训班有六十人,都是来自全国各地中级法院副院长以上职级的法官。此后1991年至1997年,又一连举办了三期,这些法官后来都成为了行政审判、政府法制工作的中坚力量。

罗豪才毕生与学术为伴,早年间尤以宪法和比较行政法学研究见长,20世纪80年代中期,随着国务院机构改革的逐步推进,国家依法办事、依法行政的理念不断增强,相关的行政法学研究亟须

---

① 引自《罗豪才:见证中国行政诉讼制度的发展历程》,《中国人大》杂志2011年第24期,参见中国人大网:http://www.npc.gov.cn/npc/zgrdzz/2012-01/10/content_1685665.htm. 根据这篇报道,这段话是当时的合议庭成员、最高人民法院行政审判庭原副庭长杨克佃的回忆原文。

跟进，罗豪才很快将注意力集中到同属公法领域的行政法学的研究上。"罗老师在行政法学领域做出了他人'无可替代'的贡献。"沈岿这样说。

罗豪才极力倡导在法律院系开设行政法课程。据姜明安回忆，1982年他毕业留校任教时，北大还未开设行政法学课程，后来他把自己希望讲授行政法的愿望向时任教研室副主任的罗豪才表达时，得到了罗豪才的大力支持。"罗老师的支持和鼓励更加坚定了我将行政法学研究作为毕生事业的决心。"姜明安说。

北京大学宪法与行政法研究中心的前身是上世纪50年代初成立的北京大学法律系宪法与行政法教研室，90年代改建为公法研究中心，是全国最早开展宪法学和行政法学教学研究的机构——这一切也倾注了罗豪才的心血和汗水。

多年来，罗豪才潜心学术研究，陆续主编了《行政法学》《行政法论》《中国司法审查制度》等一系列颇具影响力的论著。1989年他主编的《行政法学》教材，全书共分十二章，探讨了行政法的基本概念、行政法的基本原则、行政法律关系主体、行政立法、行政执法、行政司法、行政监督、行政合同、行政程序法、行政责任与行政赔偿、监督行政行为、行政诉讼等问题，其开创的行政法学基本体例沿用至今。1996年主编的《行政法学》更是把平衡论融入其中，以平衡论为基调构建崭新的行政法学理论体系。姜明安称其为中国"第二代"的行政法学教材。

罗豪才是一个学者，一生以学术为业。但他又不只在书斋中做研究，而是积极投身于中国社会伟大变革进程。作为致公党中央主席和全国政协副主席，他为我国的多党合作制度的发展与完善做出了卓越的贡献，他带领下的致公党积极参政议政，为国家决策提出了许多卓有成效的建议。在华人华侨政策和区域经济发展方面，在保护归侨、侨眷权益方面，致公党都发挥了重要的作用。

如今，罗豪才虽已是耄耋之年，却依然战斗在行政法学理论研究的前沿。他深信真正有价值的理论必须与实践相结合，进而从更深的层次上着眼于对中国行政法治之路的理论探索。正如他的多位学生说的那样，"罗老师从未离开学界，他对学术的关注和热情从未衰减"。回顾以往历程，他说："任何重大课题的研究，任何理论的创新或实践的发展，都要依靠集体的力量。我参与的项目，若说有所成就，那也是得到了当年的同事与学生的大力支持，都是集体智慧的结晶。"

"我国改革开放三十多年来，中国法治化道路、行政法治建设一步一步走到现在，成果来之不易。生逢盛世，又能为国家的民主法治建设尽绵薄之力，我荣幸之至。"罗豪才说。

赤子之心：饱含深情，难解"侨"缘

《孟子》有云：大人者，不失其赤子之心者也。出生于新加坡的罗豪才，一生难解是"侨"缘。

青年时代的罗豪才目睹了日本军国主义者侵略狮岛和英国殖民主义者欺压百姓的暴行，亦饱尝了失学和当学徒工的痛苦和艰辛。回国后，无论是在中学还是在大学，他总是积极团结华侨学生，在北大读书的第二年，他成为校学生会和团委华侨工作部负责人，第三年又成为北京市侨联委员，默默地为沟通华侨和国内学生做了许多工作，还协助学校办起"华侨食堂"，落实国家"适当照顾"的政策。1986年，已经是北大教授、副校长的罗豪才，在侨界同仁的推举下，当选为北京市侨联主席。两年之后，他又当选为中国侨联副主席。

1991年12月他当选为致公党中央副主席。1997年12月，在中国致公党第十一次全国代表大会上当选为致公党中央主席。对致公党，罗豪才并不陌生，在多年从事侨务工作的过程中，他多次与致公党打过交道，他的一个堂叔也曾是致公党在广州的干部。在任北大副校长期间，在致公党董（寅初）老、杨（纪珂）老的大力推荐下，在时任北大党委书记汪家镠的关怀下，罗豪才加入致公党，成为致公党大家庭的一员。在担任致公党中央主席的十年时间，罗豪才倾尽心血，做出了巨大贡献。他大力推动党派建设，补充新鲜血液，把致公党从以归侨、侨眷为主的党派扩展为以"侨""海"为主要特色的参政党。要求致公党发挥自身优势，团结归侨、华侨华人，为社会主义建设事业贡献力量。罗豪才提出，致公党虽然成员少，但"党小声音不能小""作用不能少"，要积极履行参政党职责，致力为公，参政兴国。用罗豪才自己的话说，"一路走来，'侨'的工作没有断过"。

他对归侨、侨眷和海外华人、华侨的牵挂始终未曾改变，甚至随着世界形势的变化，变得更加强烈。他的一生都在为维护"侨"的利益不遗余力。作为法律专家，他在《中华人民共和国归侨侨眷权益保护法》的制定过程中提出了许多意见和建议，提出了一系列贯彻落实《归侨侨眷权益保护法》、解决华侨存在困难以及改善侨商投资环境等问题的提案和建议。

罗豪才参加"北京论坛"（2012年）

罗豪才不但懂英文，还能讲一些闽南话、广州话，待人真诚随和，与海外华侨的沟通交流十分轻松，并与许多侨团组织和侨界人士建立了广泛而亲密的联系。他认为，广交海外朋友，既是个人的事，也是国家的事，沟通他们与祖国的关系并为之提供力所能及的帮助，这是他所希望的。正是如此，罗豪才深得侨界朋友的支持和信任。

生活中的罗豪才和善而细腻，大气而谦和，他的学生评价罗老师是一个"重情义"的人。大个子的他曾经是中学、大学篮球队的主力，当时每年都参加学校篮球队的比赛。年纪大了之后，在天气好的时候，也出去打打高尔夫球，散散步，坚持锻炼身体。罗豪才不但对自己的学生十分用心，对弟子们的下一代以及再传徒弟也关爱有加，作为长者，他一直用关切的目光注视着一代代年轻人的成长。他是严师，是慈父，也是一位和蔼的爷爷，能和孩子们一起做游戏，开心地大笑。

如今，罗豪才作为北京大学法学教授，同时也是中国人权研究会的会长，依然活跃在各种学术会议和社会活动中，满头银发，笑容和蔼，满腔赤诚地关注和思索着中国法治和人权的现状。

从蜚声中外的高等学府，到中国司法的最高殿堂，从饱含爱国深情的海外赤子，到身居高位的国家领导人，罗豪才不仅是一位学术成绩斐然的法学大方之家，更是备受学生敬重和爱戴的蔼然师长，大气、随和、心底坦荡，他谦抑的处事方式和孜孜不倦的学术追求，春风化雨，影响着一代又一代的晚辈，桃李不言，下自成蹊。

（文/马荣真）

陈佳洱
本色是书生

陈佳洱，著名物理学家，中国科学院院士，第三世界科学院院士。曾任北京大学校长、国家自然科学基金委员会主任，现为北京大学技术物理系教授。陈佳洱长期从事加速器的教学与科研工作，在开拓发展我国的射频超导加速器、加速器超灵敏质谱计、射频四极场加速器、高压静电加速器以及束流物理等众多的低能加速器及相关的应用领域，取得了突出的成就。

1986年被评为我国有突出贡献中青年专家，先后获得国家高技术研究发展计划先进个人一等奖、国家科技进步二等奖、省部级科技进步一等和二等奖各三项以及光华科技基金一等奖、何梁何利科学与技术进步奖等奖励。2008年荣获德意志联邦共和国总统颁发的联邦功勋十字勋章。

他少年曾热爱文学，却最终走上科学的道路；他阴差阳错与物理结缘，却在两弹一星的历史机遇中成就理想；他是北大的"掌门人"，为北大打开通往世界一流的大门；他还是国家自然科学基金委员会主任，为中国科学事业的发展耗尽心血；回顾一生的跌宕与辉煌，他却说，自己最喜欢的还是做学问。

他说自己只是一个书生，却与"两弹一星""夏商周断代工程"这样的国家大手笔紧密联系在一起；他开"985工程"之先，为北大打开通往世界一流的大门，却说自己还是比较喜欢教书带学生；他在山河动乱的年代出生，在充满生机的岁月迷上科学，又在一场政治风暴中一度停滞迷惘；命运给了他过人的天赋、纯粹的向往与温和的性格，也给了他无数个意外与劫难。

陈佳洱，这位年近八十的老先生，怀着子承父业的作家梦当了科学家；研究了一辈子的加速器，却始终散发着儒雅的文士气息。

谦谦君子，温润如玉。历经时代风雨变迁，在陈佳洱身上，我们看不到风霜的痕迹，有的只是岁月沉淀下的谦卑与平和。

第三次的擦肩

科学之路并非坦途，学无止境，在有限的人生里忍耐求索之路可能遭遇的无数失败、寂寞与艰辛，一定是源于对科学本身的热忱。

有趣的是，陈佳洱对于科学的赤子之心，却是源自身为文学家的父亲陈伯吹。陈伯吹年少为生计所迫，无法上大学学习数学，引以为憾。他转而将自己对于科学的热爱以生动的形式传递给陈佳洱，用跳舞的纸片小人教他摩擦生电的原理，带他去看电影《居里夫人》和《发明大王爱迪生》……就这样，科学的种子，在年幼的陈佳洱心中生根发芽，只为终有一天的盛大开放。

父亲是文学家，母亲是钢琴师，在这样的家庭氛围中，陈佳洱充分汲取着知识，享受着知识的乐趣。然而浓郁的书香，没能掩盖时代动荡的气息。日本军国主义分子以"大东亚共荣圈"之名，践踏着中国人的权利与人格：公园门口醒目的"华人与狗不得入内"，被禁止的国定教科书，日本人岗哨的嚣张与野蛮……这一切给年幼的陈佳洱留下了不可磨灭的记忆——"没有一个独立、强盛的民族和国家，根本谈不上个人的尊严和前途。"

经历过日本侵略者占领下屈辱生活的陈佳洱，渴望科技救国。新中国成立不久，年仅 16 岁的陈佳洱开始了大学生涯，父亲的一些为祖国独立解放而出生入死的"地下党"朋友，充满激情地建议他考到东北老解放区的大学去，最终，陈佳洱进入大连大学电机系学习。有意思的是，当时陈佳洱报的并不是物理系，而是电机系："那时候对电有兴趣，而且我觉得解放之后，国家要强大，就要发展工业。"

因缘际遇之下，在工学院学电的陈佳洱碰到了刚从英国回来的国际著名光学专家王大珩先生，他在大连大学主持普通物理实验课。课程以严格和高难度著称，要想得到一个代表优秀的五分非常困难，以至于学生们约定，谁得了王老师的五分，就得请大家吃花生米。然而，那一学期，陈佳洱请同学吃了三次花生米。

王大珩认为要办好工科、培养高素质的工科人才，没有理科不行，就建议在工学院里建一个应用物理系，由他担任系主任。这一年，陈佳洱大二。正是普通物理实验课上的"五分"，将他送入物理系学习，从此，陈佳洱正式走上了物理研究之路。1952 年，由于全国院系调整，陈佳洱和大连大学物理系的同学们全部调到东北人民大学（后来的吉林大学）物理系学习。

报考大学的时候，陈佳洱曾经有机会进入北大，是因为父亲的建议选择了大连大学，后调往东北人民大学；在从大学毕业的时候，他也一度有机会进入梦寐以求的燕园，却因为系主任余瑞璜教授爱才心切的挽留，最终留校任教。

朱光亚老师进行原子物理课程期终考试（口试）（1953年）

或许是命运偏爱草蛇灰线的笔法，仿佛一切的曲折，都只是为命中注定的一次相会。陈佳洱两次与北大擦肩而过，却在"两弹一星"的契机中与北大结缘。

1955年，中央决定实施"两弹一星"战略，一大批优秀的科技工作者，以身许国，义无反顾地投入到这一场神圣的事业中。这年一月，中央做出了在中国建立和发展原子核科学技术的重大决策，周恩来总理亲自签发了在北京大学建立中国第一个原子能人才培养基地——物理研究室的文件，并从当时全国高校中抽调了一批科学家如胡济民、虞福春、卢鹤绂等负责组建工作。这其中，就有陈佳洱毕业论文的指导老师，朱光亚教授。不久之后，陈佳洱也被调往北大协助建设物理研究室。

物研室建立之初，只有6个人，几乎都是德高望重的学界泰斗，陈佳洱是其中唯一的助教，还不到21岁。刚到物研所报到的时候，因为太年轻，值班的副主任虞福春教授一开始还以为陈佳洱是"哪里来的小孩儿"。一到物研室，陈佳洱就接到两个重要任务：一是为原子核人才教育基地招生，二是根据教学需要建一个实验室，为中国第一批原子核物理专业的学生开出第一轮原子核物理实验课。为了这两个任务,陈佳洱经历了无数个不眠不休的日夜,他甚至在实验室放了一张床,从早到晚拼命干到凌晨三四点钟,实在困了就躺一会儿,醒来后接着再干。就这样,陈佳洱带着五六个新同事,从无到有,在半年多一点的时间里排出所有需要做的实验,建立起中国第一个原子能核物理实验室。此后的五十多年间,陈佳洱担任过实验室主任、加速器教研室主任、副系主任、重离子物理研究所所长,也担任过北大研究生院院长、副校长、校长,并曾出任国家自然科学基金委主任。尽管肩负的任务越来越重,但他从未离开过北京大学核物理教学与科研这块心爱的园地。

这是陈佳洱在北大的第一份工作,却出于保密需要不能提起北大,只能对外宣称"546 信箱"。1958 年,546 信箱正式成为"北京大学原子能系",后来又改名为技术物理系。陈佳洱在那个时候,有了一辆自行车。他骑着车,听着风声在耳边吹过,经过古色古香的四合院,经过美丽沉静的未名湖,经过沧桑古朴的图书馆,自此,真正投入了燕园的怀抱。

无法磨灭的情怀

1956 年党中央号召"向科学进军"。为了响应号召,陈佳洱决定做加速器,用加速器产生的高能量粒子轰击原子核、变革原子核。

加速器是什么?陈佳洱打过一个十分形象的比方,"电视机里就有一个加速器。电视机屏幕上为什么有影像呢?那是因为电子枪把电子放出来后,经过电场加速和控制,就能在荧光屏扫描出图像来。这个过程的基础就是电子的加速,不过加速的电压比较低,只有几千伏或者几十千伏。我做的也是加速电子、质子等尺寸非常非常小的带电粒子。加速器就是要把粒子速度加快,比如加快到光速,粒子就有了很大能量。用这些能量干什么呢?去轰击原子核。

原子核比一个原子还小得多，要小十万倍。把原子核打碎了，可以了解原子核的结构，或者使一种原子核变成另外一种更有用的原子核。"

加速器的重要性毋庸置疑，不过当时实验室只有一台从苏联进口的25兆电子伏电子感应加速器，不但加速能力小，也不适合研究核物理。鉴于此，陈佳洱将一些年轻教师和学生组织起来，照猫画虎地做起30兆电子伏电子感应加速器来。在物质资源缺乏、技术落后、交流非常少的那个年代，对科学、对国家的真挚热爱，就是一种生产力。"在大家的努力奋斗下，靠着三个臭皮匠顶个诸葛亮的精神，竟然把一台30兆电子伏电子感应加速器建起来了。"回忆往事，陈佳洱露出了欣慰的笑容。

到了1963年，学界开始走向开放；中国向英国派出第一批访问学者。新中国成立以来，国家派出的学者都是到苏联或东欧各国去留学，去资本主义国家留学还是第一次。这一次选拔的访问学者共4人，中科院2人、高校2人，陈佳洱赫然名列其中。

有了去英国学加速器的机会，陈佳洱十分珍惜。他先在牛津大学的串列静电加速器上参加了一段调试工作，后来又转到了正在开展新型等时性回旋加速器研制的卢瑟福·阿普尔顿实验室，进行访问研究。当时困扰这种新型加速器发展的一大难点是，从离子源引出的离子束有90%都丢失在中心区里。失踪的粒子去哪了？两位著名的英国皇家学会会员威尔金森（D. H. Wilkinson）和劳森（J. D. Lawson）把这个问题交给了陈佳洱。

这个看起来饶有趣味的题目，解答起来却并不轻松。因为在加速器的中心区里集聚了所有不同电荷态的各种离子，也是空间电荷效应最严重的地方，还存在着各种非线性的有害共振，情况极为复杂，研究很难入手。为此，陈佳洱设计了一套微分探针装置，通过由内而外逐一地测出各种离子的轨道，再结合理论分析和模拟计算，逐圈地分析各个轨道上离子的高频相位和轨道曲率中心的分布，以及自由振动宏包络的振幅与频率等。

陈佳洱在英国卢瑟福物理研究所进行加速器物理研究（1964年）

经过一系列艰辛而细致的工作，陈佳洱终于使中心区束流传输效率提高了三倍以上，陈佳洱同时将这些方法用于当时正在发展的三次谐波加速上，让束流传输效率大为提高。卢瑟福研究所的同事们对这位中国来的科学家赞赏不已，陈佳洱也因此被冠以"谐波加速之王"的美称。

出色的研究能力让陈佳洱获得了国外学者的尊重与认可，英国同事们差不多每个礼拜都要请他去家里做客。然而，陈佳洱却隐隐地感觉到，这种友好中还夹杂着"对弱者的怜悯"之情。一些好心的同事对他说，你在这里工作做得很好，需要的话将来回国时可以把这块磁铁和那些变压器带回去。陈佳洱听了之后哭笑不得，他委婉地谢绝了同事们的好意，真诚地回答："磁铁、变压器等，我们自己都能做，我唯一有兴趣的是所里唯一的一台精密数字电压表，其他的我们国内都能造。"

陈佳洱明白，长时间以来中国科研的低弱，才是国外研究者"怜悯"之情的根源。身处异国的亲身经历，也让他更真切地感受到"祖国"两个字的分量。1964年10月16日，茶歇时，陈佳洱正与同事一起收看英国大选的直播,突然,大选新闻中断,一行大字跃然眼前——"中国爆炸了原子弹"。所有人都难以置信——"中国不是很落后吗,怎么爆炸原子弹了呢?"陈佳洱难抑兴奋之情,连夜赶回使馆核实消息。听到中国真的爆炸了原子弹时陈佳洱高兴得跳了起来!"一下子觉得脊梁骨更硬起来了,"他这样形容自己的心情,"我在那个时候真正体会到一个国家的强盛的意义。在这个世界上没有国家、民族的强大,就谈不上个人的价值。尽管有人对你好,并不代表真正对你的尊重。"

访学结束后,陈佳洱婉拒了国外院校的邀请,坚持回到祖国。他的理由出乎意料的单纯,"派我去就是为了回来造一个先进的加速器,现在我既然掌握了等时性加速的基本规律,我当然要回国了。"

朴素的言语下,是无法磨灭的情怀。

从冬天到春天

1966年,陈佳洱回国。国家科委基础局给陈佳洱主持的北大等时性回旋加速器项目批了500万元的资助。就在这位踌躇满志的科学家准备大显身手的时刻,命运再次跟他开了个玩笑——"文革"开始,一切教学、科研停止。

昔日令陈佳洱以之为傲、为科学事业奉献的一切,却成为今日之罪名,连去牛津也成为"黑帮分子"和"资产阶级反动权威"的罪证。因为是系副主任,被打成"走资派",又因为曾说服同事撤掉大字报,变成"漏网右派",还因为一张由记者违规偷拍的加速器照片被冠以特务嫌疑。回首往事,陈佳洱已十分平静,只是淡淡的自嘲中仿佛仍带有一丝苦涩,"反正我的帽子挺多的。"

在科学与学术漫长的严冬中,陈佳洱随技术物理系迁往紧依秦岭的陕西汉中北大分校,远离城市,交通极为不便。在这里,身体本就瘦弱的陈佳洱不再搞科研、不再教书，而是要接受体力劳动的"再教育"：垒护坡、养猪和修铁路，甚至扛一百多斤的水泥。离开北京之前，陈佳洱卖掉了所有关于加速器的书，因为他不知道什么时候才能再用那些书了。

1972年，在周恩来总理的直接过问下，国内基础研究逐步恢复。当时技术物理系虽以核科学为方向，却面临一个重大问题——缺少可用的加速器。因科学而"获罪"的陈佳洱，再次因科学而被赋予历史使命，主攻加速器研究。

当时西德法兰克福大学刚提出一种新型直线加速器——螺旋波导直线加速器，这种加速器利用简单的螺旋线谐振腔加速离子，体积小、结构简单，是自主研制加速器的一个突破口。陈佳洱看准机会，心静如水，率领研制组从螺旋线绕制、高频测试到稳定运行，硬是在当地艰难的条件下，研制成当时国际上尚无经验的新型加速器，并结合束流群聚理论建成了一台螺旋波导聚束器。陈佳洱将它接在北京师范大学的 400 kV 高压倍加器之后，只用 8.4 W 的射频功率，就高效地将 350 keV 的连续氘束群聚为 1 纳秒的脉冲束。实验结果与陈佳洱的聚束理论预计完全一致。

伴随着断断续续的科研，在那个长达十年的漫长严冬里，陈佳洱终于等到了科学界的春天。

1978年举行全国科学大会前夕，钱三强点名让陈佳洱从汉中回北京，参与制定低能核物理加速器研究的规划。在科学大会上，听到小平同志严厉驳斥"四人帮"打击迫害知识分子、破坏我国科学技术事业的种种谬论，旗帜鲜明地指出"科学技术是生产力"，强调尊重知识、尊重人才，陈佳洱不禁流下两行热泪——这个春天，他等了太久！

1979年，北京大学汉中分校撤销，技术物理系回到阔别十年的北京，十多年压抑的科研激情再也难以抑制，陈佳洱和同事们决定大干一场，打一个"翻身仗"。他和教研室的十几位同志长驻在上海先锋电机厂，决心与企业相结合，自主设计建造一台能量为 4.5 MV 的静电加速器。通过与工人、技术人员密切合作，他们工作了整整四年多，终于高质量地建成了这台高水平的静电加速器。这台高 8.2 米、重 30 吨的 4.5 MV 静电加速器大型装置从物理设计、工程设计到加工安装都是由陈佳洱组织十余人的研制小组完成。这台加速器成为北京大学核科学试验基地的第一个大型基础设施，它不仅在离子种类、能量范围和束流脉冲化性能等方面优于国内同类设备，还填补了中国单色中子源在 3–7 MeV 和 16–20 MeV 能区的空白，获得国家教委科技进步二等奖。

为了把失去的十年补回来，陈佳洱把目光放到了射频超导加速器上。1964 年美国斯坦福大学建立了第一台原型射频超导电子直线加速器。尽管早期它的加速电场强度低，运行稳定性差，陈佳洱看到的却是大幅降低微波功率、提高加速粒子束的平均流强与束流品质后的发展远景。中科院原子能所一部的丁渝教授与陈佳洱英雄所见略同，决心共同协作。可惜丁渝先生壮志未酬，不久因身患癌症不幸去世。去世前他对所里同事说："你们一定要坚持下去，到北大找陈佳洱，把超导加速器搞上去。"这一嘱托始终铭刻在陈佳洱心中，他时刻想着要在中国发展自己的超导加速器。

1982 年，机会终于来临。在杨振宁先生的安排下，陈佳洱去往美国，访问正在建造 SUNYLAC 超导重离子直线加速器的纽约州立石溪大学分校，一展身手。

在石溪大学，陈佳洱把他对束流脉冲化的研究成果拓展应用到 SUNY 加速器的聚束器、高能后切割器、后聚束器及各个束流输运元件组成的系统中去，成功地将 64 MeV 的碳离子压缩到 100 皮秒，达到当时国际先进水平。他还为加速器的用户编制了一套软件，可根据用户对加速离子的种类、能量等性能要求，通过计算机自动操控整个加速器的各项相关部件参数，运行方便、精确、可靠。这在当时是一种非常先进的加速器运行模式，石溪的同事们高兴地称之

为"陈氏模式"。

值得一提的是,从美国回来以后,依靠海外同行的合作交流,陈佳洱的团队在短短几年里创建了第一台射频效率达到国际前列的螺旋波导聚束器和整体分离环型 RFQ(射频四极场)重离子直线加速器,研制出我国第一只射频超导加速腔,并在牛津大学赠送的 2X6 mV 串列加速器的基础上建立了第一台面向用户的碳-14 超高灵敏度质谱计,为后来的国家重大项目"夏商周断代工程"做出了重要贡献。

2008 年 7 月,当 Physics Review Letters(PRL)期刊在北京举办创刊 50 周年庆祝会时,陈佳洱与 25 年前石溪大学物理系的同事、现任 PRL 总主编 G. Sprouse 教授重逢了。见到陈佳洱时,Sprouse 教授激动非常,说出的第一句话就是:"'陈氏模式'现在仍在石溪运行着!"

在科技发展日新月异的今天,一项技术能 25 年不被时代抛弃,这大概是对于一位科学家最有力的褒奖。

一辈子都离不开的地方

钱钟书曾说,只有中国才肯给科学家大官做。陈佳洱正是做了大官的大科学家。他是一位物理学家——加速器方面的权威,是中科院和第三世界科学院院士;他也曾是北京大学的校长和国家自然科学基金委员会的主任。

1996 年 8 月,陈佳洱出任北京大学校长,全面主持教学、科研与对外交流工作。从此,百年校庆、"985 计划"、合并北医……这些 90 年代对于北大具有历史意义的事件,注定要与一个名字紧紧相连——陈佳洱。

"全国稳定看北京,北京稳定看北大"。1989 年之后,整个北大一直都很消沉,而百年校庆,让陈佳洱感到,机会来了。

"振兴学科，先要把人心振奋起来。"为此，他组织了百年校庆筹备会，提出校庆以学术为主线，要举行世界著名校长论坛，举行各个学科的世界上最著名专家的学术研究论坛、诺贝尔奖和菲尔茨奖得主的演讲大会等等。

为了提振北大士气，陈佳洱还三请江泽民莅临校庆庆典。

第一次，陈佳洱提前一年对时任总书记的江泽民同志说，明年是北大的百年校庆，您是否可以来？江泽民同志当时没有拒绝，但是也没有明确表态，只是口头上表示可以考虑。在校庆前的5—6个月，陈佳洱又写信给江泽民同志，再次邀请，还是没有得到正面的回答。眼看马上就要面临校庆了，恰好美国哈佛大学的校长访问中国，由陈佳洱作为陪同在中南海见到了江总书记。在会谈结束，送走了外宾之后，陈佳洱没有走。陈佳洱拉着江总书记的手说，总书记，北大马上就要百年校庆了，想请您来。接着陈佳洱又把北大的百年校史和作为党的诞生地的历史给江泽民同志做了一个简要的汇报。这时江泽民才对他说，你回去写一个材料吧。于是陈佳洱连夜与党委赵存生同志写了报告。没多久，陈佳洱得到了中办的指示，江总书记将来北大。

校庆前几天，总书记来到北大，见到陈佳洱的第一句话就是：我是来给北大暖寿来的。"我们听了心里感觉热乎乎的"。然而让陈佳洱都没有想到的是，校庆那一天，中央的领导人、政治局常委全部都出现在人民大会堂举行的百年庆典上。

百年校庆让这所历史悠久的大学，再次大放异彩，吸引了全国乃至世界的目光。也正是在这一次庆典上，中央正式提出"我国要建设若干所世界一流大学"的目标！

校庆一结束，陈佳洱想到的第一件事情，就是利用这样一个机遇，与清华联手建造世界一流大学。他找到时任清华大学校长的王大中，两人一拍即合，签订携手共建世界一流大学的协议——包括学分互认、教授互聘、资源共享、后勤共建等在内的八条协议，并在此基础上向中央上报在中国实施"建设世界一流大学计划"的建议书,这就是后来"985工程"的雏形。

此后,陈佳洱又进一步促成了北大同北京医科大学的合并,"这种合并是在着眼于学科交叉的基础上做出的决定。"也正是陈佳洱在任期间,理科生开始上语文课、文科生开始上计算机课,他希望通过这样的努力,使北大这所综合型大学培养出来的学生,能兼具人文和科学文化素质,为国家文化建设和社会发展做更大的贡献。

在带领北大往世界一流大学的道路中,陈佳洱有着自己的理念。"一个学校好不好,首先看它有几个有特色、有亮点的学科;能培养多少有特色的代表性人才。如果一个学校有若干个这样的学科,能培养出一大批人品和学术上一流的人才,能为民族的振兴做出重大贡献,那她就是一个一流的大学。"

在学科建设中,陈佳洱最关心的又属教师队伍的建设。"一流的学科关键要有一流的教师队伍;教师不仅要'授业、解惑',更要'传道',全面培养学生的精神人格,教学生如何为人。"陈佳洱坚信"名师出高徒"的古训,坚信教师的"言传身教"、潜移默化的不可替代性,这或许与他的教育经历密切相关。"如果说父亲给予我科学的启蒙,而真正把我领进科学大门的是学校和许多教过我的老师,他们所传递的不仅是知识,还有思维方式;不仅教会了我们怎样去思考,更重要的是教会了我们怎样去做人,每一个眼神都是一种启发,这种教益是任何现代的信息网络手段所不能代替的。"

经过多年的努力,北京大学吸引、凝聚和培养了相当一批高水平的优秀学术带头人,并与众多的著名学者建立了不同形式的合作关系。北大国家杰出青年基金获得者的数量和后来"长江学者"的数量,当时一直在全国高校中名列前茅。

陈佳洱和李坤教授指导由日本理化所来的博士后筱永妙子
博士做关于加速器质谱计的研究（1995年）

陈佳洱当校长时，最常说的一句话就是北大无小事。他说自己是战战兢兢、如履薄冰地走上北大校长这个岗位的，尽管当年在北大全校的数百名教职工的校长推荐名单上，陈佳洱排名第一。

他虔诚地走进这片圣地，兢兢业业地接下了担子，也踏踏实实地挑起了责任。

"我说要对得起'北京大学'这四个字，要对得起北大这样一个传统。至少在我这一任上，能够朝着与北京大学地位相适应的方向有所发展，而不是倒过来。"掩藏在温厚个性中的，是他骨子里对于至善价值的不懈追求。数十年间，陈佳洱以一颗挚诚之心，带领北大在光荣与梦想的道路上执著前行。

副系主任、副校长乃至校长，他人眼中的光辉岁月，陈佳洱与之却十分淡然。面对北大，他的态度始终谦虚而诚恳："我当北大校长是机遇使然，是历史让我肩负的一种责任，并不是我本身有多大能耐。"

或许，为这责任奔走的动力，是来自陈佳洱心中，对这个园子以及园子里那些可爱的北大人发自内心的关爱。"我作为校长如果有什么体会的话,我觉得北大的教师、北大的学生应该说是世界上最优秀的教师、最优秀的学生之一。这也是我作为北大人最值得骄傲之处。"

他记得,百年校庆前夕,江泽民来北大视察,为校庆"暖寿"。总书记无论与学生谈吟诗词、交流外语,总有人能对答如流。这让时任教育部部长的陈至立由衷地赞叹:"走遍全国高校,只有北大学生做到了。"

他记得,35周年国庆时当北大学生打出"小平你好",他在天安门城楼观礼台上,心中振奋与自豪。"那时所有北大学生都关心国家大事,拥护改革开放,与北大学生之前提出的'团结起来,振兴中华'的口号一脉相承。我非常为北大的师生骄傲。"

他甚至记得,多年前,克林顿来访北大的时候一个女生的精彩发言。陈佳洱至今还清晰地记得,当克林顿引用胡适的话说明自由的价值时,北大女生的回应是如何的掷地有声:"我也引用我们蔡元培校长讲的'大道相行,而不相悖,万物相育,而不相害',个人的自由、个人的利益跟国家的自由和利益是一致的,总统先生我认为只有尊重别人自由的人才是真正懂得自由的,你认为对不对?"

一提起北大的师生,老先生如数家珍,眼中流露的满是慈爱与欣赏。

现在虽然已经卸任校长一职,他依然会不时打电话给老朋友、曾任北大党委副书记的岳素兰,问一问北大的情况,这仿佛已经是一种无法割舍的情结与牵挂——"这是我一辈子都离不开的地方。"

我是书生一个

"小时候我印象最深的书是《伟人孙中山》。书里说,孙中山小时候问母亲人生的意义是什么,母亲回答,人生就像梦一场,不小心就溜走了。"

人生如梦，而陈佳洱将一生都用于对真理不遗余力的追求。他投身物理研究的洪流，致力开拓发展中国的射频超导加速器、加速器质谱计、射频四极场加速器、高压静电加速器以及束流物理等众多的低能加速器及相关的应用领域。

"说老实话我是书生一个，我最愿意做的是教书和研究。"

他认为科学精神并不是局限在科学家领域的，它是人类的一种精神。

科学精神是人类精神文化的体现，包括两大方面，一是科学文化的精神，二是人文文化的精神。前者追求的是至真，探索和揭示客观世界基本规律、追求客观真理的精神，而后者更着眼于至善和至美。所以，科学孜孜以求的就是人类社会和自然世界中真、善、美的统一，也就是人与自然的和谐发展，和谐美好人类社会的构建。科学的精神，就是求真、唯实地探索真理的精神。

陈佳洱是这样认为的，也是这样去身体力行的。

在学术和工作上，他一丝不苟，有着一位理工科科学家一贯的严谨作风；而在生活中，他却儒雅谦和，将中国文士的传统美德完美演绎。

他是出了名的认真，"科学事物，必须不断研究，认真实验，得寸进尺地深入、扩展，通过韧性的战斗，才有可能取得光辉的成就"。

即使年逾古稀，陈佳洱依然认真探索着学科前沿的新生长点。注意到强激光驱动的粒子加速，可产生比现有加速结构高千倍的加速电场，可能引发加速器的新一轮革命，他全力鼓励曾是自己的博士生的颜学庆教授等对其进行深化研究，支持他们提出利用圆偏振光与纳米薄膜的相互作用，实现激光驱动下离子稳相加速的倡议。

陈佳洱一再强调，做学术研究不能浮夸、不能急功近利，不能片面追求文章，更不能唯期刊名气论英雄。他总是以日本科学家小林诚的例子告诫学生，做科研不能只讲表面的量化指标，要讲实在的贡献；小林诚当年发表文章的期刊影响因子只有1，却拿下了2008年诺贝尔物理文学奖，对粒子物理的发展做出了重大贡献。

同时，他又是出了名的随和。

曾有人说他是最没有架子的校长。学校一直流传着一个典故：北京大学校内的一个地方停了电，陈佳洱知道后很着急，就自己跑到配电室去找工友，要求他们去修。人家问他是谁，他说：我是陈佳洱。工友想了半天，说：陈佳洱？不认识。这件事简直就和以前北大新生要求季羡林副校长看包袱一样经典。

陈佳洱近照（2010年）

"尊重同事，善于团结有不同意见的人员，善于调动队伍中每个成员的积极性。"北大技术物理系教授方家驯这样评价陈佳洱。几十年来他一直从事专业基础课"加速器物理基础"的讲授，即使在当校长、主任最忙碌的日子，他都坚持亲自上课，遇到开会、出差，也要尽量赶回来。他把自己获得的何梁何利科技进步奖、光华科技奖和国华杰出学者奖等全部奖项的奖金都拿来设立了奖励基金，用来重点奖励研究所每年评选出来的优秀青年人才。

2003年年底，陈佳洱从国家自然科学基金委员会主任的任上退了下来，重返北大。他说："像我这样的人做科学家，最高兴的事就是与学生们在一起，学生们思想活跃，我喜欢与他们交流思想与价值观。"

2008年3月19日，德国政府在德国驻华使馆举行隆重仪式，授予陈佳洱教授德意志联邦共和国绶带功勋十字勋章，以表彰他在重离子加速器与束流物理领域做出的国际公认的成就，和在深化中德两国教育与科技文化上的交流，尤其是在致力于中德科学中心的建立上所做出的卓越贡献。

"一个人的物质生活是很容易满足的，最重要的是要为社会、为人类做出贡献，自己的存在能让别人生活得更好，自己便活得更有价值。"这也是陈佳洱为之坚守一生的信念。

大半个世纪的沧桑厚重，留给陈佳洱的气质却是干净平和的，那些陈年往事在陈佳洱的口中，早已过滤掉了灰暗的杂质，只剩下纯粹的理想、科学与微笑。当采访结束的时候，陈佳洱先生起身，坚持送我们到楼梯口，目送我们离开。他颤颤巍巍的身影显得有些单薄，送别的话语也还是谦逊而略带羞涩，他就像自己说的那样，只是一个书生，却书生之气到让人肃然起敬。

（文/李倩）

黄 琳
静气凌人的控制科学专家

黄琳，1935年生，江苏扬州人。控制科学家，中国现代控制理论研究的先驱，2003年当选中国科学院信息技术科学部院士。长期从事系统稳定性与控制理论方面的研究工作，给出单输入系统极点配置定理，二次型最优控制的存在性、唯一性与线性控制律；在鲁棒控制的多项式族鲁棒稳定性分析上给出包括棱边定理在内的一些基础性结果。曾多次主持国家自然科学基金重点项目，包括自动化学科八五重大基金项目，在开辟新兴学术方向与人才培养方面均做出了重要贡献。现为北京大学工学院力学与空天技术系泰普讲席教授，工学院学术委员会主任，长期兼任北京航空航天大学、浙江大学、东北大学等高校兼职教授或名誉教授，为中国控制理论的发展做出了卓越贡献。

黄琳端坐着，79岁的他，腰杆笔直。和善的面容，隐约透着"慧者心辩而不繁说"的气度。

生逢抗战，他的童年在疾病缠身和颠沛流离中度过；亲历"文革"，他在崎岖不平的科研之路上壮志难酬；成绩斐然，他是中国现代控制理论研究的先驱，中国科学院院士。"人不笨，还努力，有机遇，敢坚持"——黄琳用这十二个字概括自己的一生。

童年：动乱中长成的爱国主义者

> 我小时候父母都很忙，并未直接教给我什么。但我受他们一言一行的影响，有了顽固的爱国主义精神。

1935年11月30日，"一二·九"运动九天前，黄琳出生于江苏扬州一个中学教师家庭。彼时恰逢民族生死存亡攸关之际，尚在襁褓之中的小生命，注定同祖国河山一路飘零。出生不久，黄琳就患上严重的肺炎，当时中国的医疗条件十分匮乏，还没有青霉素可用。眼看医治无望，无奈的母亲几乎放弃这个孩子，准备将他用摊在地上的一块草席卷起送走。幸好终于在一家教会医院中有一位美国医生Mewshaw救治了他，却未能根治他的肺病。他小时候身体一直不好，有时活动得太累了还会咳血，支气管扩张还曾被误诊为肺结核。直到1957年毕业之际，他做了肺叶切除手术才除去病根。就这样，幼年的黄琳一直笼罩在疾病"死缓"的阴影中。

不久，恐怖的日本屠杀就蔓延到了扬州。1937年年末黄琳全家开始了长达近五年的逃难生涯，辗转于泰州农村和上海一带。在这之前，黄琳的父亲黄应韶是当地有名的中学数学教师，曾以黄夔笙的名字出过一本平面几何书，母亲朱庆云是当地有名望的小学教师。他在回忆这段逃难经历的文章中写道："有时我们黑夜被叫起来，稀里糊涂上了船就走……那里蛇很多，房间的墙洞里就有。我们不仅看到蛇在房梁上爬，有一次蛇还掉到我们睡觉的蚊帐上面。"

在逃难这段颠沛流离的岁月里，父亲断断续续地在每次避难所附近的中学或师范学校临时教书，靠微薄的薪水养家。母亲则负起操持全家、照料黄琳兄弟俩的重担。当时母亲给他们讲了许多故事：岳飞精忠报国、文天祥一片丹心、史可法血战扬州……"苏武，留胡节不辱"是母亲常常哼唱的歌，几位民族英雄的身影深深烙印在黄琳心底。为了躲避日寇和汉奸，在抗战沦陷区父母一度被迫更名改姓地生活，过着亡国奴的日子，一家人过得十分清苦。但他们秉持自己的原则，坚决不为日本人干活，不与"日伪"合作。直到抗日战争结束，黄琳全家才重新在扬州安定下来，又有了一个家的样子。母亲因坚持不在日本人手下做事，名字上了扬州的忠贞榜，随后被任命为下铺街小学校长；父亲也由农村回到了扬州工作。解放前夕国民党有意挟一批知识分子过长江，他的父母亲毅然拒绝过江，并按解放区来人的要求，他的父亲及时组织扬州中学的师生进行护校，有效地保护了学校的设备与财产，为解放后顺利开学提供了保证。后他被任命为扬州中学的第一任校长。

黄琳的印象中，父母的身影总是忙碌的。父母两人同为教师，需要照料成百上千的学生，而自家的孩子往往无暇顾及。"我小时候父母都很忙，并未直接教给我什么。但我受他们一言一行的影响，有了顽固的爱国主义精神。"黄琳说，有时候行动的力量胜过千言万语，父母的言传身教，教会了自己爱国，在强权面前决不苟且，宁折不弯。

由于小时候身体不好，父母对黄琳的学习要求并不苛刻。有时候因病不能上学，他就一个人待在家里读各种寓言和童话故事，如小红帽、丑小鸭、灰姑娘、白雪公主与七个小矮人、忠实的狗和奸诈的猫、山洞与森林、小木屋和神秘的宫殿等等，故事里宣扬的善良、正直的道德观给他的童年留下了深刻印象。黄琳笑说，自己小时候"淘气得一塌糊涂，但幸好也不笨"。大人考心算时他会抢在哥哥前回答，还跟着哥哥黄瑶去听英文补习课。他自小动手能力强,刚上初中时就开始组装简单的电动机的模型。他最喜欢翻看教数学的父亲的藏书,午休时间抱着一本《几何学辞典》看得津津有味。后来在扬州中学就读,他的功课也没落下,按他自己的说法是"从来不用功,成绩还可以"。高二暑假那年,黄琳在河里游泳,不幸患了血吸虫病。这一场病让他稍微收了原来的野性子,开始努力地学习,成绩也直线上升。到了高三下学期,他的成绩在班上已名列前茅。

黄琳与高为炳院士在日本东京 K. Furuta 教授家(1990年)

同时,黄琳还是长期活跃在校内校外舞台上的"小名人"。当时随着朝鲜战争的爆发和抗美援朝运动的开展,整个扬州中学处在爱国、革命和强调奉献的氛围之中。父亲作为校长毅然带头支持儿子参加军事干部学校,并作为苏北代表参加中国人民第一届赴朝慰问团前往战火纷飞的朝鲜前线,黄琳的哥哥被批准参军,黄琳也被团市委派到店员工会里,一周两晚教店员们唱抗美援朝歌曲。到了高中时期,校团委更是直接任命他为舞蹈队的队长,承接了不少宣传与演出任务,发挥了文艺方面的天赋。"我至今还保留着扬州市文联发给我的音乐协会的会员证",黄琳自豪地拿出已经很旧的古老证书。黄琳热爱音乐,尤其喜欢在闲暇之余待在家里听中国的古典音乐,沉浸在古琴、箫、琵琶和二胡世界里是他的一大享受。其中，古琴和箫合奏的《渔樵问答》是他最喜欢的曲子之一。

机遇：与钱学森的忘年之交

> 我深深地被这么一门"有用"又"好玩"的学科所吸引。这门课就影响我决定一辈子搞控制科学。

黄琳与钱学森第一次相见是在1956年2月，彼时黄琳仅及弱冠，而钱学森已过不惑之年。当时钱学森在中国科学院力学研究所讲授"工程控制论"，北京大学数学力学系抽调了15名学生作为第一届一般力学的学生前往听课。正在数学力学系读大学三年级的黄琳就是这15个人之一。"当时我们十多个学生坐在一群大学老师中间，听得津津有味。整整半年多，我深深地被这么一门'有用'又'好玩'的学科所吸引。这门课就影响我决定一辈子搞控制科学。"

1959年，由北大数学力学系、一机部四局和中科院数学所联合在北大的北阁楼上组成研究组，对拟研制的飞机的安定性进行预研，黄琳担任研究骨干。那时中国航空科技还处于萌芽期，科研条件十分落后，他们研究时只能用老式的"只能做做加减乘除"的电动机械式计算机，每次使用时还会嘎啦嘎啦作响。在这样简陋艰苦的环境中，黄琳提出了针对时变系统的多维系统衰减时间问题，并用Lyapunov方法进行研究给出了估计式，以此为基础完成了研究生的论文答辩。1961年11月他带着这些成果参加了中国自动化学会的成立大会，并成为由15人组成的控制理论首届专业委员会中最年轻的一员。会后经过推荐和评审，他的成果以论文"On the Estimation of the Decaying Time"被正式发表在1963年的第二届国际自动控制大会上，成为当时国内入选的两篇论文之一。

1962年春全国一般力学大会筹备召开，黄琳受周培源先生委派作为他的代表参与了筹备工作，并应邀在大会上作了题为"有控系统动力学的若干问题"的大会报告。在大会上，钱学森对黄琳的报告做了肯定的、详细的点评,并纠正了他对一位美籍华人教授译名的不当之处。钱学森对待科学一丝不苟的严谨态度,让黄琳又一次受益匪浅。在2001年为钱学森先生九十华诞而举办的以"钱学森技术科学思想的回顾与展望"为主题的新世纪力学研讨会上,黄文虎院士在作报告时又一次谈起三十九年前的这段经历,成为一段美谈。

一般力学大会后不久,《力学学报》决定将黄琳的报告《控制系统动力学与稳定性理论若干问题》发表在该学报上。"当时编辑告知我这一消息,我想应该是钱先生推荐的。"黄琳说。之后,为了解决中国导弹发射因弹性振动而失败的问题,钱学森专门组织在颐和园龙王庙召开了一次小规模的研讨会,黄琳也是参会者之一。为数不多的几次见面让钱先生记住了这个年轻人。二十多年后,黄琳随王仁院士等去拜访钱学森,让他颇感意外的是,一进门,钱先生便记起他来:"哎呀,黄琳来了,我们好多年不见了。"

"我们虽然交往不多,但印象中的钱先生的记忆力和能力实在是超群的。比如说,钱先生在美国生活几十年,回国上课为了照顾学生,除了坐标系XYZ之外,竟能够不说一个英文单词,这确实是常人难以做到的。"黄琳说,给自己影响最大的书,在业务上早年是钱学森的《工程控制论》,而晚年则是钱学森的老师的传记《冯·卡门传》,对他个人成长影响大的人物还有《钢铁是怎样炼成的》中的保尔·柯察金、《牛虻》中的亚瑟和罗曼·罗兰笔下的约翰·克利斯朵夫,他们坚强执著的个人品质和严谨认真的科学精神在黄琳心中刻下了深刻的印记。

坚守:控制科学领域的"个体户"

控制科学跟一般的自然科学有一个很大的区别,它的着眼点更在于改造世界。

上世纪60年代正是现代控制理论在国际上刚兴起的时期，当时的力学界并不认可控制在力学中的重要作用，这使得黄琳在力学专业环境下做控制研究显得很孤立，甚至有同事认为黄琳是在"不务正业"，要他改行。当年听钱学森讲授工程控制论的，除他以外还有14名同学，但由于当时的种种原因真正能坚持搞控制科学研究并有所建树的也仅黄琳一人。他顶着种种压力，在数学专业程民德教授等的支持下，凭着一股韧劲在力学环境下硬是把控制理论研究坚持了下来。

钱先生的影响使黄琳走上了控制科学的研究道路，在大学期间他就修改了稳定性理论中著名的Lyapunov渐近稳定性定理的证明方法。另外在研究生期间他又从苏联专家那里学到了有关Lure系统绝对稳定性等苏联的最新成果，结合东西方的学术成果，进一步熟悉了国际控制方向上的前沿课题。此前他以对飞机安定性分析的研究为背景提出了关于系统衰减时间的概念，其成果受到了国际知名学者拉萨尔（LaSalle）和舍贵（Szego）的关注，并引起热烈的学术讨论。1964年他带领两个六年级的学生，将动态规划与Lyapunov方法结合，成功地率先证明了常系数线性系统二次型最优控制问题解的存在性、唯一性，给出了最优控制的线性控制律、Riccati方程求解的序列逼近法和单输入线性系统极点配置定理。他们在这方面做出了领先于世界的科研成果，国际上直到1967年才出现了相关研究工作。然而由于当时的环境，文章仅发表在国内，致使这一创造性工作在国际上一直没有得到应有的重视，留下了遗憾。

随后，他又给出了连续系统用输出反馈实现二次型最优控制的充要条件，回答了国际上二十多年来未解决的基本问题。美国学者Rousan紧跟着这一工作研究了离散系统情形，其中不仅完整地引用了黄琳给出的引理，而且明确表示是利用了他的思想与方法。根据在Lyapunov稳定性方面所做的系统性研究工作，他于1992年出版了专著《稳定性理论》（北京大学出版社），该书获包括全国高等学校出版社优秀学术著作特等奖在内的多项奖励。

2013年7月，经过国际自动控制联合会（IFAC）的严格评审和选举，黄琳当选为国际自动控制联合会2011—2014年度选出的会士（IFAC Fellow）。这确认了他在上世纪60年代的这一科研成果是对控制科学的"fundamental contributions"。时隔半个世纪，中国在控制科学研究领域的贡献终于受到国际认可。

提起控制科学，黄琳有说不完的话。"控制科学简单地讲，就是给你一个控制的对象，让你设计控制器使这个对象能够满足你的要求。比如说一架飞机，大家坐飞机都不希望颠簸，所以就希望能够设计一个自动驾驶仪，通过不断地测量飞机的俯仰角度变化，来纠正颠簸。控制科学跟一般的自然科学有一个很大的区别，它的着眼点更在于改造世界。控制科学要解决的就是两个问题：一个是能不能做，一个是怎么做。这件事情能不能做，根据这样一些数据，控制器设计得出来还是设计不出来？理论上解决的是可以做，不代表已经做出来了，怎么做法，还有具体的控制器的设计。"

他又告诉我们，控制科学发展不足百年，但随着社会和科技的进步，控制科学面临着新的挑战。上世纪60年代之前，控制科学是控制单一某个装置，控制对象比较单纯、孤立，被控制的量仅一个；但60年代以后，控制发展为多变量，这就诞生了现代控制理论。控制的量从单变量变成多变量，其中计算机的作用越来越大。另外传统稳定性与控制理论只关注单平衡点系统全局稳定性，而对多平衡点系统很少有研究，但实际系统中如旋转机械、电力系统等经常出现多平衡点系统，在这方面俄罗斯学者列昂诺夫（G. A. Leonov）首先开展了多平衡点系统总体性质分析方面的工作，但仅限于单输入单输出系统，而且缺乏控制器综合方面的结果。抓住这一新兴方向，黄琳结合已有成果首先于2003年出版最新专著《稳定性与鲁棒性的理论基础》。进一步联合北京航空航天大学一起主持了国家自然科学基金重点项目,指导年轻教师与博士生开展了一系列有特色的研究工作,给出了多平衡点系统保持总体性质的控制器设计方法。

黄琳表示,控制科学当前面临信息丰富的时代特征,这个对控制提出了崭新的问题:一是网络化环境和控制网络。比如"智能电网"的样本量极大,既有好处也有一定风险,美国加州一次大停电的损失是极大的。二是多智能体控制。粗略地讲,多智能体系统是指一组自主的个体为达到某种目标,以信息通信等方式相互作用耦合而成的群体系统。比如一次派出去多架飞机参战,不仅需要中央指挥,还需要互相配合。近年来一些国家研究无人作战飞机,这种无人机的机群如何协调行动就是一个富于挑战性的问题。

担当:动乱中凭良知行事的知识分子

> 政治上的持续动荡,工军宣队的无知与胡闹,教育事业的被摧残,社会道德准则的被破坏,而我们又是在科学上追求之心不死、事业上报国之心未灭的人。

"文化大革命"期间,黄琳所在的力学专业于1969年迁至汉中。同他一同翻过秦岭的,还有一箱箱宝贵的藏书。"当时根本不允许带书,但我舍不得,就把那些书也带了过去,以备将来可能有用到的时候,因此受到当时军宣队领导的训斥。"在到达汉中的第一年,他参加挖石头、抬石头、修护坡、种树、平整土地等劳动,还带过演出队去大巴山深处演出,所有这些事他都认真负责地完成。当时汉中正在修铁路,农村劳力去铁路工地了,农业生产受到很大影响,使得生活资料供应短缺。他们几乎回到了困难时期,各家搬家时从北京带来的不多食品也基本消耗完了,劳动强度大又不能吃饱使"不怕苦,不怕累"已不再是喊的口号而是现实生活中必须面对的情况。1970年年底力学专业办起了射流技术训练班,黄琳与留美回国的周光坰和几位工人师傅一同到宝鸡虢镇的一家无线电厂，搞以射流技术为主的技术革命。在这里，他没有被分配做射流的事而是帮助一位赵姓师傅修复了其发明的冲床振动送料器，使其能正常工作。回校以后，工宣队领导却围绕振动送料器的成果炮制了一些假经验，黄琳脱口说了一句"这是人家工人师傅的创造，我们不能贪天功为已有"，因此遭到工宣队头头的打击。幸好同去宝鸡的几位老工人师傅仗义执言才使他免遭批判。从宝鸡返回汉中正值隆冬，领导要求他们由宝鸡必须徒步翻越秦岭拉练回校，以响应毛主席关于每年都要拉练的号召。途经海拔高达1500米左右的黄牛铺，黄琳高烧到39度以上。这次拉练使他几度高烧并再度咳血。一系列高强度的劳动、改造和批判，黄琳在思想苦闷的同时身体的抵抗力也大为下降，1971年夏天他又患上黄胆肝炎并发疟疾，每日反复高烧，住院治疗时，"从病房拿回家的薄被，汗湿透了可以拧出水来"。黄琳的夫人当时刚调来汉中不久，唯一的亲人又正在病中。她每日照顾院中的丈夫，洗他汗湿了的衣被以保证有的可换，在供应十分困难的情况下去为胃口极差的丈夫设法弄吃的来，还打电话向远在上海的医生姐姐求救用加急包裹寄来救命药。

尽管早已恢复健康的身体又一次受到严重打击，黄琳仍坚持为因政治运动、下乡"四清"和"文革"而中断多年学习后留校工作的学生们补习一些基础知识，先后为他们开设了"线性代数""常微分方程""复变函数"和"变分法"等课程。然而这段时期的授课在"四人帮"炮制的反击右倾翻案风运动中被攻击为"有人拖着长长的辫子，干着张勋复辟的勾当"。黄琳无怨无悔顶住压力，坚持把真正有用的知识教给学生，为当时留校的红卫兵大学生奠定了起码的后续学习与研究的基础知识。

从73级工农兵学员进校那天起，黄琳便一直同他们在一起直至他们毕业离校。三年时间里，黄琳与这群学生们相处得一直很好，教过他们微积分，同他们一起下过厂、进过山，师生关系十分融洽，至今这批工农兵学员谈起那段经历还是倍感亲切。在上课过程中，他一方面要顶住清华大学在迟群把持下炮制的所谓"一把大锉捅开微积分的奥秘"的荒唐经验，和经文痞姚文元审阅过的上海某大学编的符合革命要求的《微积分》的压力；另一方面还要对付因有人告状"利用工农兵学员的课堂，散布封、资、修的东西"而招致由党委副书记带队组织调查组到课堂的检查。

"'文革'使中国控制科学与国外的差距进一步拉大，我希望尽己所能地弥补这些差距。"整个"文革"的十年中，黄琳接触到控制只有两次。一次是1973年海军的研究单位因惯导不过关而召开了一次研讨会，他从汉中赶到天津参加并见到了久别的一些前辈与朋友。另一次是1975年，号称"哈工大四杰"之一的荣国俊来访，找他讨论多输入多输出系统的解耦和其他问题。从教73级的工农兵学员时起黄琳就一直在固体力学组活动，当时由于冷却塔等工程的应力分析的需求，使在汉中时搞固体结构计算的老师接触到了国外的先进计算软件，但他们无时间也分不出精力弄清楚其中的数值计算原理，于是交给黄琳希望他帮助解决，黄琳就以结构计算和现代控制理论为背景开展了数值代数等研究工作。在汉中最后的日子，当别人纷纷忙着为能回迁北京做各种准备之时，他认定一点即"不可能大家都回北京，让我一人留在汉中；也不可能大家都留汉中却让我一人回京"。于是，黄琳定下心来抓紧时间泡在图书馆，用两年整理了一本《应用线性代数讲义》，并在回京后到国防科大、浙江大学、西北工业大学、西安交大等高校讲授。然后在此基础上又历经几年精心修改，《系统与控制理论中的线性代数》于1994年在科学出版社出版，在当时的条件下为推进国内控制理论的研究做出了重要贡献，后来还被清华大学等多所高等院校列为控制专业的研究生学位课程，并被评为1984—1985年度科学出版社优秀图书。

黄琳在回忆中写道："当今天一些五六十岁的教授告诉我，这本拙著在帮助他们进入控制领域做研究的作用时，可以说这是对我最大的奖赏和慰藉。"

在汉中黄琳一家住房一直很挤,直到在临回北京的前一年才改善了一下工作条件。刚从汉中回到北京时,黄琳一家三口包括才三四岁的女儿又住回一间仅十一二平方米的房子里。就是在这样的环境里,他完成了那本《应用线性代数讲义》,并作出了一批数值线性代数的成果。用他自己的话说:"一个知识分子只需要有充裕的时间,一个相对宽松安定的环境,能够从事自己的研究就足够了。"

黄琳女儿黄静去美国 Stanford 大学前的全家福:
李孝珍,黄静,黄琳(1997 年)

"政治上的持续动荡,工军宣队的无知与胡闹,教育事业的被摧残,社会道德准则的被破坏,而我们又是在科学上追求之心不死、事业上报国之心未灭的人。"黄琳不无遗憾地表示,在汉中的这十年时光,种种因素交织在一起使他们这些知识分子感到前途无望却又不知路在何方,从而度过了最抑郁、苦闷的一段人生。就是在这样的环境下他还总是按自己的良知苦苦地坚持着。从小所受的家庭教育和随后中国传统教育的影响,加之"文革"十年的经历,使得黄琳更欣赏"宁为玉碎,不为瓦全"这一人生哲学。

出国:走自己路的实干派

在科学上做成一件事,世界上如能有一千个人知道,有几个人完全明白,我就满足了。

自 80 年代以来,鲁棒控制一直是控制理论研究中一个重要的前沿课题,参数摄动控制系统鲁棒分析与综合是鲁棒控制理论的重要组成部分。由于在多项式族系数空间中稳定性区域一般不是凸的,因而使鲁棒稳定性问题变得很复杂。苏联学者哈里托诺夫(Kharitonov)给出的"Kharitonov 定理"是这一领域开创性的工作,随后引起了研究参数摄动系统稳定性的热潮,在国际刊物上几乎每期都有相关论文发表,黄琳也希望在这一崭新方向上做出研究成果。

1985 年,黄琳作为访问学者去了美国,当时美国的大学以为中国访问学者基础不够好特意为他安排了不少听课计划,譬如微分几何课程。而他却心想,自己早已学习过这些基础课程,来到美国是希望利用当地条件做科研工作。于是他婉拒了这种安排,坚持要与美方合作,在国际上刚兴起的具参数不确定性系统的鲁棒稳定性分析这一崭新方向上开展研究工作。

功夫不负有心人,很快黄琳通过外事处找到了霍洛特(C. V. Hollot)教授,两人共同研究,合作中得到了包括"棱边定理"在内的一系列的成果,发表了多篇论文。棱边定理这一研究成果引起了国内外广泛影响,仅在 SCI 的他引就不下数百次。冯纯伯院士在其专著《鲁棒控制系统设计》中将棱边定理称为一个里程碑式的工作,美国学者 Barmish 在 1988 年 IEEE Conference on Decision and Control 年会的综述报告中用一整节的篇幅介绍和评论了棱边定理,类似于这样的介绍和评价频频出现在当时的国内外大会综述报告、很多专著与研究论文上。霍洛特也因以与黄琳合作为主的一批成果而获得了美国总统青年研究奖。在他获奖之后主动出资邀请黄琳于1989年再次访美进行合作，后来他们还保持了多年的合作关系。

随后，黄琳将在国外研究的崭新课题带回国内，通过举办讨论班，极大地推动了国内在参数摄动系统方面的研究与发展，做出了开创性的贡献。他主持的课题"系统鲁棒分析与综合"于1995年获国家教委科技进步一等奖。而且在后续研究中他主持的课题"参数摄动控制系统的鲁棒分析与综合"在1999年获国家自然科学三等奖。

20世纪90年代初我国控制理论研究面临诸多困难，在这一情况下黄琳联合中科院系统科学所、自动化所和清华大学等单位一起争取到国家八五重大基金项目"复杂控制系统理论的几个关键问题"；他作为第一主持人团结大家一起研究，一方面稳定了一支理论研究队，同时在现代控制理论的一些新领域做出了重要贡献。在研究工作中他从不固步自封而是力求创新，当他注意到控制理论研究长期以来主要关注单平衡位置的稳定问题的局限，不失时机地在北大开展了具多平衡位置系统总体性质的鲁棒性和相关控制器设计的研究，并争取到基金委重点基金的支持。根据我国国防建设的需要，近年来黄琳顺利地将他的团队引领到航天控制的领域。他争取到的重点基金已经是有关临近空间高速飞行器控制的第二个重点项目。在这些研究中他特别强调实际意义和需求推动，而不主张做凑论文数目无多大创意的研究。经过团队坚持不懈的努力，他们已经实现了与航天科技部门相对牢固的合作关系。

黄琳曾说："在科学上做成一件事，世界上如能有一千个人知道，有几个人完全明白，我就满足了。"拥有这样一览众山小而又安于高处不胜寒的气魄，才能坚持自己的选择，体会科研的孤寂和上下求索带来的乐趣。

育人：学风严谨收获桃李满园

> 我的学生绝不会抄袭，因为我们的研究题目常常是新问题是要另辟蹊径的，他们不会去抄也无处可抄。

黄琳为师学风严谨，这种风气从他自己求学时代便已养成。"大学给我的基本功是终身受益的，不念书人长不起来。"黄琳于1953年考入北京大学数力系并很快入了党，他常常带病坚持学习并获得优秀生称号。他回忆当年自己一周花60个小时在学习上，周末也都泡在教室和图书馆念书、做数学题。由于基本功打得扎实，虽然毕业后改行了，倒也能基本适应，不会有太大的困难。"我到今天仍然主张科学的道路是不平坦的，不花工夫是不行的，寓教于娱乐只能糊弄，培养出光会耍嘴皮子不会做实事的大学生，而无法培养出高水平人才。"在黄琳看来，对学生必须严要求。他举例说，数学课上课时用PPT效果就并不好，教师在黑板上演算，才能更好地引导学生一步步跟着黑板上的演算去证明和思考。黄琳十分推崇国家航天部门异常严谨的工作，他说航天研究有个规矩，一出现事故或失败就要"归零"，一切从头开始，然后找出问题的源头，这个"寻找"的工作量甚至可能超过这个工作本身。当然，学习也要注重兴趣，兴趣与成绩是相关的。当初填报大学志愿时，家中希望黄琳念物理专业。当时他对大学各专业学习的具体情况不甚了解，但他毕竟喜欢数学，喜欢挑战难题，于是选择了数学专业。

黄琳1961年研究生毕业后即留校工作，在国际上现代控制理论刚刚诞生之时，他就在北大开设了一些反映当时国际水平的控制课程，如调节原理、最优控制、非线性控制、脉冲系统、随机控制等。同时他还指导六年制大学生的毕业论文，培养了一批控制方面的骨干力量并给自己在控制科学方面打下了宽广而又扎实的基础。

他的学生中,直接受其影响搞控制研究的人虽然不多,但在改革开放以后由于他们控制的功底厚实很快就成为了所在工作单位控制领域的学术带头人与骨干。北大在1985年被正式批准建立以控制研究为特色的一般力学博士点,黄琳为创始人。他培养的博士生数量并不多,出色的却不少。在60后中有从"神舟一号"即开始进入研究直至成为神舟系列控制系统副总设计师的胡军;在70后中有带领团队获得教育部自然科学一等奖、杰出青年基金获得者的长江特聘教授段志生;在80后中有全国优秀博士论文和国际专业杂志年度最佳论文奖获得者李忠奎;另外还有一些长江学者、杰出青年与优秀青年荣誉称号获得者。他们是黄琳所带博士的优秀代表,他们的共同特点几乎都是立志创新,不怕困难而又为人低调的实干派,从他们的身上可以充分看到老师的影响。现在黄琳已退居二线,北大的团队已经由年轻学者组成。黄琳常引以为自豪地说:"年轻人干得比我更好。"

前排:黄琳、钱学森、王仁、余同希
后排:魏庆鼎、武际可、周起钊、叶庆凯

黄琳是一个甘于寂寞坚守科学的人，但他并不希望当代所有的学生都向他学习。"社会是由各种各样的人才组成的，不要要求大家都去做基础研究。中国真正献身给科学的，献身给基础研究的人，终究是少数的，而且也不应该是多数的。"确实，科学家应甘于寂寞，而我们不能要求大多数人都献身科学，多样性的社会需要各个领域的人才为更好的未来添砖加瓦。黄琳重视质量而非数量，一年只招一两个博士生。在指导学生时，他决不局限于已有的研究领域，而是鼓励学生去探索新的研究方向，踏踏实实地去研究更新更有创造性的问题。他对学生的要求尤其严格，特别是在学风方面。"我的学生绝不会抄袭，因为我们的研究题目常常是新问题是要另辟蹊径的，他们不会去抄也无处可抄。"这样，在他的周围就形成了一个学风严谨，且善于提出新问题进行研究的良好氛围。"当年学生们周末会到我家来一块儿研究和讨论，我们都直接用油笔写在玻璃上，随时修改随时交流。"

这种严谨好学的学风从他的求学时代延续至今，并使他言传身教地影响、培养出一届届优秀的学者。他知道不少的博士生在求学时期有了一点点成果就急于发表，没有精雕细琢的耐心，"这对科学的进步起不了任何作用。"学术终究是一个长远的事情，想要做出成果是日积月累起来的。若是一味地追求发表文章，中国的学术氛围就始终无法达到一个耐得住寂寞的境界，而科学的道路恰恰是常有寂寞相伴，只有水滴石穿的韧劲才能磨出经得起时间检验的成果。黄琳也说："研究者要有几分呆气，才能做出创造性的研究成果。"另外，国内很多机构将论文引用量作为一个硬性的指标来检验一篇文章甚至一个科学家的成就，然而引用数量只是一个衡量指标，虽然客观但是不全面，真正追求真知的人不应该在意这些虚的东西，而应该踏踏实实做出自己的成果来。

侠义：与金庸神交的科学侠客

我曾希望我的博士生要读完金庸，但无法兑现。

如果说青年时代的黄琳是文艺范儿，汉中十年他偷偷地恶补了一阵西方小说，90年代又对金庸情有独钟。对金庸的小说黄琳有自己的评价："他的小说跟其他的武侠小说不太一样，他像现代小说或者西方那种19世纪末的小说，把人的思想、情感等内容放进来了。别的小说就是打架，或者加一段历史，他呢，有的时候还很有哲理，还加入了自己的想象。"这是黄琳眼中的金庸，而且他还对书中人物有着自己的见解。"金庸的小说里面经常会有意想不到的情节，就像《鹿鼎记》里面——武林里最吃得开的，竟是个武功极差的混混韦小宝。这个绝对想象不到。可是为什么他吃得开呢？因为他还很有点侠义精神，尽管无赖。"在金庸笔下的人物中，黄琳最喜欢的是令狐冲，因为除了他超凡的悟性，还有"他有点悲剧的色彩，他做得很对，但经常被人误解"。悲剧在文学中往往有极大的艺术价值，因为人生也并不总是一帆风顺。人生就像心电图，只要心脏还在跳动，就会是一条充满起伏的线条。回想黄琳的经历，有差点死于非命的惊险，有战时避难的辗转，有十年汉中的遭遇，有有幸遇上名师的际遇，有执著科研的坚守。这些起起伏伏的事件才造就了黄琳，才造就了一代控制科学的大师。也许正是因为黄琳在令狐冲身上看到了自己的影子，才对这位笑傲江湖的不羁剑客有着不同寻常的喜爱。

令黄琳印象深刻的还有令狐冲学习独孤九剑的故事，这里面颇有哲理的意味。风清扬对令狐冲所说的"独孤大侠是绝顶聪明之人，学他的剑法，要旨是在一个'悟'字，决不在死记硬记。等到通晓了这九剑的剑意，则无所施而不可，便是将全部变化尽数忘记，也不相干，临敌之际，更是忘记得越干净彻底，越不受原来剑法的拘束"为诸多金庸迷们所津津乐道。对于这段话,黄琳也有一些认识。其一是学习不在死记硬背,是在理解,理解才能融会贯通运用自如,有的时候学过的模板也会成为限制你发展的桎梏,只会套用现成的理论而不懂超越的人很难做出新的进展。正如令狐冲学到的剑法,剑谱规定的是一招接下一招,但在风清扬眼中却是"无招胜有招",顺势而为使出流畅自如的剑式,靠的就是理解。其二是学习的悟性,尤其是数学,"因为我是控制领域,有很多人问我数学怎么样?我觉得数学最重要的还不是知识,是悟性。拿过去的数学来说,我至少是做到一点,别人说出一句数学的话来,一般来说我可以判断是能成立的还是不能成立的。"黄琳这句话说得轻描淡写,但这种数学直觉已非一般人所能企及。除此之外,黄琳欣赏的还有郭靖的韧性,即便拥有天纵之才,千里之行也得一步一步踏踏实实地走,不可一蹴而就。

正是因为金庸笔下荟萃了性格不同、天资迥异的各路侠客,还有对生活乃至工作都有借鉴意义的哲理,黄琳才对金庸的小说推崇有加,他曾开玩笑说:"我曾希望我的博士生要读完金庸,但无法兑现。"

晚年:努力做好力所能及的工作

> 我干事的原则是,对国家、科学有利而我又能做的事就认真地做,别的因素不是我要考虑的。简单说就是:有钱未必去,无偿也认真。

黄琳先生出生之时适逢经典控制理论初具规模,他参加工作刚好迎来了现代控制理论,可以说他的一生见证了控制科学从诞生、发展到逐步完善的过程。他的研究工作和出版的专著多次获得省部级和国家级的奖励。由于他的杰出工作和影响,他先后被南京航空航天大学、浙江大学、北京航空航天大学、东北大学、南京理工大学、华南理工大、中南大学等多所高校聘为名誉教授或兼职教授。2010年和2011年他先后获得中国控制理论专业委员会和中国自动化学会颁发的首届杰出成就奖。

由于他的成就和影响，2011年中科院信息技术科学部决定由他领衔，依托北京大学开展控制科学发展战略的研究。同年9月，举办控制学科发展战略研讨会，邀请在控制科学领域的知名专家共同讨论、一起工作，为项目的顺利开展创造一个良好的开端。在黄琳的组织与领导下，海内外近百名知名专家参与进来，举办了多次科技前沿论坛和发表了近二十篇科研方向的综述论文，顺利地完成了发展战略极告，并计划集结出书。

黄琳先生已近耄耋之年，但他仍然活跃在包括国防科技在内的学术场合，用他自己的话说："我干事的原则是，对国家、科学有利而我又能做的事就认真地做，别的因素不是我要考虑的。简单说就是：有钱未必去，无偿也认真。"他还在用自己的知识和才智为我国的控制事业尽自己力所能及的一份贡献。

黄琳这一代人与祖国一同经历了太多的灾难。在动荡的年代，黄琳凭借过人的智慧与勇气，从容地在复杂残酷的政治斗争中坚守自己的良知、思考、科研，并做出骄人的业绩。他的身上总散发出一种"气"，平静淡然，而又饱满有力。

（文/陈圆圆）

张礼和
在药学路上前行

张礼和，生于1937年9月8日，江苏省扬州市人。1958年毕业于北京医学院药学系，1967年研究生毕业。1995年当选为中国科学院院士。曾任北京医科大学药学院院长，天然药物及仿生药物国家重点实验室主任；国家自然科学基金委员会化学学部主任。现为北京大学药学院教授。

长期从事核酸化学及抗肿瘤抗病毒药物研究。共发表论文250多篇。先后获国家教委科技进步一等奖、二等奖（2次），国家自然科学奖二等奖（2次）。先后获日本大谷科研奖、国际药联（FIP）Colorcon奖、吴阶平·保罗杨森医药奖、何梁何利科技进步奖、FIP千禧年药学家奖、亚洲药学会Nagai-Hisamitsu杰出科学家奖、"北京市人民教师"等荣誉称号，以及北京大学"蔡元培奖"。

老师不仅要传授知识而且也要在自己工作的领域中进行创新性的研究，追踪学科发展的前沿，这样才能在给学生传授知识的同时，告诉学生如何去掌握开启知识宝库大门的钥匙。

当今的世界知识创新成为国家竞争力的核心要素，高校的责任就是要为国家培养高质量的创新型人才，同时也要做出创新性的研究成果，为国民经济的发展做出贡献。因此高校学生的创新能力的培养就成为我们要不断思考、不断加强的目标。

著名药物化学家、中国科学院院士、北京大学药学院张礼和教授在2012年9月6日北京市委、市政府召开的教师节庆祝大会上，作为有"献身教育事业并做出突出贡献的优秀教师"代表发言，其中的这两段话，浓缩了他半个多世纪如何为师、如何在科研领域攀登的人生路。

老师的责任，培养高质量的创新人才；科学研究，做出创新性成果。这位年逾七旬的老科学家直到今日，仍在努力践行着他一生的追求。

做助教得益于恩师，养成一丝不苟的工作作风

1937年9月，张礼和出生在江苏省扬州市一个普通家庭，他是家中老二，有一个哥哥、两个弟弟和两个妹妹。日军侵入，举家逃难到上海，父亲就职于上海一家私人钱庄。张礼和在上海读了小学、中学，直到1951年，因父亲工作发生变故，全家又搬回扬州。张礼和在扬州新华中学完成了中学学业。高中期间他的学习成绩是班上最好的，同时也是校篮球队队员和校合唱队队员。高中毕业时学校曾推荐他为留苏预备生，因体检发现曾受过结核菌感染（当时已经硬结，部分钙化）而未通过。

1954年,张礼和考入北京医学院药学系。中学时期的基础以及大学教育环境使张礼和在大学四年中仍然保持着学习优秀、兴趣广泛的特点。

1958年,张礼和北医毕业留校任助教工作,被分配在有机化学教研室,从此,开始了他人生道路新的征程。

面对我们的采访,年逾七旬的张礼和开口第一句话便是感恩老师们对他的指导、帮助和严格要求。在张礼和院士身上,人们不难看到王序院士和李钧教授的影子,特别是恩师王序的影响。

药学系的李钧教授是一个非常勤奋和认真的老师,每天除了上课就是做研究,星期天也在实验室。置身于这个教研室,没有人懈怠。张礼和毕业后在他的指导下做了大量的有机化学实验,每做一个合成实验还要去查阅相关文献,在那里不仅补充了很多大学学习中没有的实验技能和知识,而且学到了严谨的科研作风和方法,也为他以后独立开展研究工作打下了扎实的基础。

那时北医药学系的学生们在1958年攻克肿瘤的浪潮下搞抗癌药研究、做实验,留下了大量没有任何记录、纯的或不纯的化学合成试验样品,造成了很大浪费。张礼和被派去整理这些几乎要被废弃的化合物样品。他认真整理,仔细挑选,选了一些可能有价值的化合物重新做试验,发现有一些1,2,4-三嗪类化合物对肿瘤细胞有一定的杀伤作用。于是,他进一步合成并纯化这些化合物。他在重复3-甲基-5羟基1,2,4-三嗪与对甲苯磺酰氯在无水吡啶中反应时获得了一个反应活性很高的吡啶鎓盐中间体,用这一中间体可以在温和条件下高收率制备一系列5-位取代的1,2,4-三嗪类化合物。通过多次的试验,发现羟基含氮杂环类化合物的对甲苯磺酰化反应是一个引入不同取代基的新方法。张礼和在王序教授、李钧教授指导下取得了第一个科研成果,并写成一系列论文,发表在《中国科学》《化学学报》等学术刊物上,1964年,卫生部把这一科技成果上报国家科学技术委员会并出版了该成果的单行本。

当时要求高校教学要"理论联系实际",1960年,张礼和带领学生参加了北京药厂"异烟肼"车间的生产工作和1964年天津中津药厂维生素B1车间的生产和科研工作。这些工作也是张礼和进入药学研究的启蒙。

在药学系严谨治学的传统中成长起来的张礼和,从毕业当助教时起,就把读书和实验当作自己日常生活的组成部分。他说:"当时我做实验的量是学生的三到五倍。只有你做好了做对了,才能去带学生,才能发现学生实验里的错误,才能指导。"

王序院士,张礼和的恩师与学习的榜样。1940年,王序从奥地利维也纳大学获化学博士学位,满怀一腔爱国情,倾其所有,买了两箱微量分析仪器和实验用的小型玻璃仪器,从香港绕道回国。1984年2月10日上午9时40分,王序教授倒在了他奋斗一生的实验台旁,与世长辞,为我国生命科学的发展鞠躬尽瘁,做出突出贡献。作为王序院士的研究生,导师对张礼和的影响是一种烙印。

王序回国后,任北京医学院药学系有机化学教研室主任,由于是在国外接受教育,特别重视实验和科学研究。他领导的有机化学教研室是当时药学系科研最活跃的教研室。王序要求所有教员必须开展科学研究,他认为大学中不会从事科学研究的老师不是合格的老师,他也要求刚参加教学的助教必须先做多于学生三倍的实验才有资格去带领学生做实验。

王序很注意思想教育。他与研究生、科研助手们讨论业务问题的同时,总是勉励他们要刻苦学习,为提高中国在国际学术界的地位去攻克一个个难关,攀登科学的高峰。

王序的科研思想是瞄准当时国际上也刚刚起步的核酸化学和核酸药物,非常重视跨学科的结合,他认为搞核酸化学研究一定要有生物学知识。他派人到学校生化教研室进修,找生化教授们讨论。他提出要在核苷酸基本结构的杂环、糖、磷酸三个部分开展化学修饰,寻找拮抗核酸代谢的化合物,从而进一步筛选和发现它们的抗

癌活性。1964年卫生部在北京医学院药学系设立由王序教授为主任的核酸化学研究室，这一年张礼和也考取了王序的研究生，使他在科研思路和方法上受到导师更直接的指导和启发。

三年的研究生生活，王序不仅把张礼和带入核酸化学与药物研究的相关领域，更重要的是他敏锐地发现科研中出现的问题及指导解决问题的方法，以及多学科交叉合作这一科学研究的思想，深深根植于张礼和日后的工作中。

1966年夏，全国高校停课"闹革命"，北医也中断了一切正常的教学和科研工作。1969—1971年间，张礼和被派往江西新建县"五七干校"劳动。1972年回到学校。除了教学，当时的"军宣队"让他负责"科研组"，进行中草药抗癌研究。此时张礼和开始接触到中药。那时药物研究没有严格的科学规范和审查制度，中药研究来源于临床医生的要求和建议，因此，研究组与北京医学院的附属医院有了紧密联系，也使张礼和有机会更多地接触到病人和医生。这一时期的科学研究虽然没有深入的成果，但张礼和组织了一个由中药、化学和药理三部分专业人员的合作体，建成了药学院抗肿瘤药物药理实验筛选平台，也成为以后组建的国家新药筛选平台的一部分。

1976年以后，正常的教学和科研逐渐走上轨道，王序院士的核酸研究室与"科研组"合并，从事中药研究、核酸药物研究和抗肿瘤药物药理研究。改革开放国门洞开，随着国内外的学术交流和王序院士赴美访问，1980年北京医学院药学院与美国当时最大的制药企业Merck制药公司签订了第一个合作研究中药的合同。

1981年到1983年，张礼和在美国弗吉尼亚大学化学系做访问学者，因为成绩突出，该校的悉尼·赫克特（S. Hecht）教授是美国著名的有机化学和生物化学教授，他认为张礼和是当时他实验室最优秀的科技工作者，希望他留在美国工作。可张礼和却想通过所学的有机合成与生物化学的工作更好的结合，特别是想把有机化学和生命科学研究结合起来。于是，1983年初他如期回国，回到了导师王序院士的实验室，并担任药学系副主任，做核酸化学，希望从核酸化学里面来发展一些新的药物。1984年，恩师王序院士逝世，张礼和开始独立领导研究室的工作，继承老师未竟的事业。

王序院士去世后，张礼和仍然继续和Merck制药公司签订合作研究，这一合作到1990年。他引入了用酶和受体为作用靶研究中药活性成分的新方法，开始了解到美国新药研究的理念和方法。继Merck制药公司以后，1992年张礼和又与日本卫材制药株式会社签订了合作研究协定，使药学研究走向国际。

二十年磨一剑，摘取国家奖

一般疾病的起因都可以归纳为体内细胞的病变，而药物作为一种化学合成品，它作用的目标就是病变细胞的蛋白质、核酸等生物大分子。现在的药物针对的往往都是蛋白质，如酶和受体，针对核酸的很少。目前国际上，以核酸为作用靶的药物大部分还处在临床试验阶段，仅有一种上市。因为核酸看似结构简单，可以开发针对性强、作用准确、效果明显的药物，但存在着诸如如何提高作用的选择性、如何运输到体内作用靶、如何穿透细胞膜等难以解决的问题。

癌症被人们认为是一种最可怕的疾病并非没有道理，目前全世界每年死于癌症的有700万人，其中中国就有130万人。在中国，每200个家庭中就有1个家庭因有人患癌症或死于癌症而遭受打击。可以说，癌症是人类第一大"杀手"。为了战胜这种疾病，进入80年代以后，采用诱导细胞分化的方法治疗肿瘤成为全球医学界的研究热点。我国将这一课题列为国家"八五"医学科技攻关的项目。当时，张礼和教授正在研究细胞内的信使分子cAMP（环腺核苷酸），发现环腺核苷酸的衍生物有诱导肿瘤细胞分化的作用，从中进一步合成了一种新药"8-氯腺苷"。经过系统的毒理学实验显示,"8-氯腺苷"毒性较低,可以申请进行临床研究。

1981—1983年,张礼和被教育部选派赴美国弗吉尼亚大学化学系进修,在赫克特教授的研究小组工作。Hecht的小组由天然产物研究、有机合成及生物化学三部分组成,是一个多学科合作的团队。张礼和刚到实验室便参与了难度非常大的任务——博来霉素A2的全合成。这个化合物的结构在当时是比较复杂的,合成得到的样品由于结构复杂,因此除了通过核磁共振等方法确证外,还要找一个天然的样品与之对照,从化学上和生物活性上与它比较。这样就要求首先从天然发酵得到的复杂的博来霉素混合物中分离出A2样品,以及把博来霉素A2的糖部分切除从降解产物中分离出博来霉素苷元。

开始,张礼和的分离工作并没有获得成功。他一头扎进实验室,把全部时间,包括吃饭和休息的时间都搭进去了,甚至连续两天两夜没离开实验室几乎目不转睛地盯着各项实验。经过艰苦的实验,张礼和拿出了别人从来没有做出过的高纯度样品,为博来霉素A2及博霉素苷元全合成的工作提供了标准品。张礼和在分离工作中积累的经验也用到了博来霉素A2及博来霉素苷元全合成的工作中。在其他合作者的共同努力下,全合成的工作也终于在国际上首先完成。为了进一步研究博来霉素A2的抗肿瘤作用机制,Hecht教授又把寡核苷酸合成的工作交给张礼和去做。当时还没有寡核苷酸合成仪,张礼和凭着吃苦耐劳的精神与严谨的科学态度,从自己合成单核苷酸原料做起,再一个一个单核苷酸连接起来,圆满地合成了一个十二寡聚的核苷酸,为研究博来霉素A2断裂DNA的机制提供了基础。

生物学在20世纪取得了巨大进展,以基因重组技术为代表的一批新成果标志着生命科学研究进入了一个崭新的时代,人们不但可以从分子水平了解生命现象的本质而且从更新的高度去揭示生命的奥秘。生命科学研究从宏观向微观发展,从最简单的体系去了解基本规律,向最复杂的体系去探索相互关系发展。生命过程的大量化学问题也将成为化学家关心的焦点。

在生命科学的研究过程中,多学科的融合大大推动了科学的发展,使新的研究领域不断出现。今天,化学家在分子的层面上用化学的思路和方法研究生命现象和生命过程,为生命科学的研究创造了新的技术和理论,从而形成了一个新兴的学科——化学生物学。

张礼和就是这新兴学科的带头人,多年来,他一直立志于药物化学研究,并在肿瘤药物的研究方面做出了重要发现。他带领全室人员致力于化学与生物学的结合,并开展与细胞生物学和分子药理学的合作研究。通过竞争他争取到了国家"863计划""973计划"以及国家自然科学基金的资助,在非放射标记核酸探针研究、以核酸为靶的药物研究以及内源性环核苷酸类信使分子研究等方面深入探索。经过多年的努力,张礼和的研究组逐渐形成了在核酸化学和抗肿瘤、抗病毒的研究中有一定影响的团队。

张礼和荣获北京市优秀教师(2012年)

自1990年以来,张礼和领导团队系统研究了细胞内的信使分子cAMP(环腺核苷酸)和cADPR(环腺核苷二磷酸核糖)的结构和生物活性的关系,在此基础上发展了作用于信号传导系统、能诱导分化肿瘤细胞的新抗癌剂，发展了结构稳定、模拟 cADPR 活性、并能穿透细胞膜的小分子，成为研究细胞内钙释放机制的有用工具。如发现 8-氯腺苷是作用于信号传导系统、毒性低、能诱导分化肿瘤细胞的新抗癌剂，已获中国专利并经国家审评作为新药临床试验；张礼和团队发现了结构稳定并有 cADPR 活性、能穿透细胞膜的小分子 cIDPRE，德国汉堡大学的顾泽（Guse）教授用此小分子，证明了 cIDPRE 可以模拟 cADPR 的信号传导信使作用，也作用于 Ryanodine 受体。美国明尼苏达大学李汉璋（H. C. Lee）教授在他 2002 年出版的新书 Cyclic ADP-ribose and NAADP 中用一章内容对此进行了讨论。

张礼和团队系统研究了人工修饰的寡核苷酸的合成、性质和对核酸的识别，提出了酶性核酸断裂 RNA 的新机理，证明 5′-O- 的离去决定反应速度，反应是 Mg^{2+} 作用于 2′-O 和 5′-O 的双金属催化机理。文章发表在《美国科学院院报》（PNAS）上，PNAS 的评审人认为是"对了解酶性核酸催化机理的重要贡献"；发现异核苷掺入的寡核苷酸能与正常 DNA 或 RNA 序列识别同时对各种酶有很好的稳定性，寡聚异鸟嘌呤核苷酸有与正常核酸类似形成平行的四链结构的性质，评论认为工作是"挑战的""原创性的"。2001 年 Chemical Review 在总结大分子折叠类型时把异核苷掺入的寡核苷酸这项研究作为一个新类型写入综述。此外，发现信号肽与反义寡核苷酸缀合后可以引导反义寡核苷酸进入细胞，并保持反义寡核苷酸的切断靶 mRNA 的活性，研究了异核苷掺入 siRNA（小分子沉默核糖核酸）双链中去对基因沉默的影响，为发展基因药物提供了一个新途径。这些研究共发表论文 200 多篇；获得中国专利 3 项。以上工作得到国内外同行的认同和大量引用，产生了较大的影响。在国家自然科学基金长期连续资助下，经过近 20 年的不懈努力，张礼和领导的团队在核酸化学及以核酸为靶的药物研究方面，取得了一系列具有重要影响的研究成果，"核酸化学及以核酸为靶的药物研究"获得了2004年度国家自然科学奖二等奖。

从毕业当助教时起,张礼和就把读书和实验当作自己日常生活中必要的组成部分,后来无论是整理"大跃进"和"文革"期间学生留下的实验资料,还是赴美国留学期间,做实验似乎成了他的一种"瘾",除了上课、在运动场上,其余的时间他就"泡"在实验室里。

一项成果的获得,张礼和领导团队用了二十年时间。如何看待科学研究的艰辛,张礼和说搞科研没有捷径可走,必须"要有坐冷板凳的准备,还要有把冷板凳坐热的决心"。

坚守科学家的良心、信誉和责任

"许多人不了解药物研究的艰难,我们其实也曾经历了许多失败的过程。"张礼和院士讲述了一个难忘的失败事例。从1992年开始,他就发现了一种抗肿瘤的药物,1997年便获得了临床批件。"我们在进行动物实验时发现这种药物的毒性很低,在人体实验时,小剂量也没事,但维持疗效时间很短。要维持疗效,就得进行点滴加大剂量,这时它的毒副作用就增大了。一个病人每天得输液8小时,还要忍受副作用的折磨,这是救命还是要命!"临床二期时,张礼和果断地停下了这项已进行了多年的研究。

当时,有不少药商主动提出要高价购买他的临床批件,都被他婉言谢绝。也有人劝他:"像这么难争取的临床批件,千金难买,你却主动撤出,太可惜了!"但张礼和的回答是坚决的:科学研究是为了造福人类,医学研究是为了治病救人,科学家要有自己的良心和责任感!

作为科学家,张礼和院士始终有一种社会责任置于心中。早在1992年,根据中美知识产权协议对我国医药领域可能产生的影响,他联合中科院上海药物研究所和南开大学等单位率先向国家计委提出了"药用和农用化合物的筛选研究"的设想，及时地使这一课题补进国家"八五"科技攻关项目中，取得了可喜的成绩，并使该项目滚动进入国家"九五"科技攻关规划中。当张礼和向国家计委提出建立国家的药物筛选体系的时候，我国自己研制、拥有知识产权的药物还微乎其微。如今，在北京、上海等地已经建立起五个筛选实验室、一个"原创的"药物研制平台。

1999—2006 年，张礼和院士任国家自然科学基金委员会化学科学部主任。在年度基金项目评审会上他总是要做出强调。他说，严格按国家自然科学基金委员会的规定，用好基金经费为我国基础研究的发展做贡献，是我们基金评审专家的责任。我们要站在国家的高度，公平、公正、公开地评审。参加评审组会议，不能代表本研究单位的利益，不应把本单位、本部门和个人的色彩带到评审会上。科学基金要支持创新，资助那些最有研究价值的项目。重点项目立项领域的遴选和项目指南的讨论，要从整个国家科学的中长期发展的角度考虑重点项目的立项。对成果评价，张礼和也强调要根据不同学科的特点，科学地看待文章发表的情况，注重申请项目的科学内涵，正确引导，不片面追求文章的数量和表面的影响。

学生创新能力的培养是高校的责任，老师的责任

给学生一碗水，老师要储备一桶水

在学生和同事眼里，张礼和院士是一个对学生、对自己都十分严格的人，有时甚至可以用"苛刻"来形容。直到今天，年逾七旬的他仍坚持为研究生开设高等有机化学、核酸化学等课程，并且经常给他们讲授药学方面的新进展、前沿科学，坚持不懈地组织研究室的教员和学生定期举行学术研讨会。他培养的博士研究生中有两人的博士论文分别在 1999 年和 2001 年入选全国百篇优秀论文。

张礼和始终坚持"高校里，（理工科）教师一定要亲自做实

验"。他认为，在知识爆炸的时代，学生成长仅靠老师传授的课堂知识和书本知识是远远不够的，要使学生能在主动获取知识、主动发现问题、解决问题的过程中创造、积累新的知识。他说："要给学生一碗水，老师就得准备一桶水！"

学生要学会积累知识和解决问题的方法

无论是本科生还是研究生，无论是医学部举办的各类名师讲座，还是药学院举办的一些活动，同学们很希望从张礼和院士那里获取"真经"，使自己进步更快，成长更快。张礼和从来都是坦诚相见，以自己的亲身经历，告诉学生如何做人，如何做学问。

张礼和平易近人与学生亲切互动。他说：

> 从学习这个角度看，同学们会觉得功课特别重，什么都要学。但是大家要想到：就是因为大家有了这样的基础，将来在选择工作目标、研究方向时，在原来基础上进一步深化，再往前走就容易得多了。我们药学院是全国第一个六年制的学院，更是北大的学生。我们希望你们在六年以后成为一个比四年制的学生基础更扎实、有更高层次知识结构的人才。所以，在六年里，前四年打好基础，后面两年里，要在原有基础上深化。要达到这么一个学科背景，同学们一定会想：我们怎么可能掌握这么多东西呢？所以高等学校要求学生学会怎样自学，怎样自己开拓自己的知识链，怎样开拓自己的思维过程。这就是一个学生将来发展的前提。学问多，不见得一定能够在社会上做更多的事情：不能就是一本活字典，人家问什么你都知道，但工作里却不一定就会用。时间是有限的，学习就这么几年，不可能什么都背下来，所以说，要学会怎么根据工作需要自己去学习新的知识、去积累并创造。所以我们在校学习期间，要逐步学会自己去学习老师没有告诉你的而专

业又需要的东西，知道怎么去学、怎么去主动寻找和丰富知识。这是一件重要的事情。要掌握思考问题的方法。想想老师讲的课里面，问题是怎么提出的，又是怎么去解决的。要学会独自提出问题解决问题。大学阶段，特别是我们北大这样的学校，重要的不是让你背多少内容，而是要学会两个方法：一个是自己积累知识的方法，另一个是自己发现问题解决问题的方法。有了这两个方法，你们的前途就是无限的。那时候，你们脑中知识的积累就不会是一加一，或者是一乘二、一乘三的积累，而会是指数的积累。这种办法要靠什么才能掌握呢？这就要靠你们自己的能动性。拿到了开门的钥匙，那每个门都能打开，都能进去。

创新思维很重要

2008年，张礼和从自己荣获的"何梁何利奖"奖金中出资设立了一项奖学金，用于奖励那些在实验室工作中成绩优秀的本科生，鼓励他们早期就参加研究室的科研活动，培养严谨的科学精神和创新能力。

我们如何做到创新呢？这是每个同学都渴望了解的。张礼和告诉学生：

创新需要知道学科的前沿在哪儿，知道要突破什么。要突破、要创新，要有一个学科交叉的思想，这样才能够真正地突破一些难点。再有就是，看到了前沿领域，才有可能找到一些出口和途径。所以我总是批评一些我们的研究生，很窄，老师给一个题目，就啃这个题目。当然这是必要的，但要学会在做这个题目的同时拓宽自己的领域，拓宽自己的思维，去学习相关领域的一些东西。有些在同一个题目组的同学，你做的东西我不知道，我做的东西你不知道。一个组之间的同学相互交流交流自己做了什么东西，这样的事情都很少。药化的同学药剂那边的学术报告都不会去听，只听药化的，这样的话，就把自己封闭了，非常死，所以我希望我们的学术环境是自由的环境、开放的环境、相互交流的环境。我们每一个在这环境中的成员，能够丰富自己的知识，拓宽自己的思想，开阔我们的思路，这样才能创新。所以，要改变整个氛围，我们的文化氛围、研究的氛围。对我们来讲，特别是像我们北大这样的学校，不能建立这样的学术氛围、文化氛围，每个人都很闭塞地钻自己的那点工作，那整个的研究工作就很难有大的起色。当然也可能会出几篇小文章，但我们的国家、我们的学校对我们的期望，我们可能就很难完成了，也很难适应社会和时代的要求。

我们是国内药学领域第一个建立国家重点实验室的单位，所以说国家对我们是非常重视的。现在开的六年制药学专业，国内还没有第二家。学校的任务是出人才，出成果。在新的时代里面，对成果的要求也不一样了。过去成果就是发表论文、得了多少奖。现在高校的成果要发表论文，也要转化成为对国内经济有效的支撑。"转化医学"在药学里面，就是怎么把基础研究转化成为我们医药工业医药事业中一些实实在在的东西，更加能在国民经济和社会发展里起作用，所以这是我们当前很主要的任务。过去学院式的研究，是优点也是缺点。它注重基础，但是真正制造出一个药，用到临床上去，这要求我们不断去转变一些研究方法，加强和企业的联系。

创新型人才是一流大学的核心任务

张礼和提出"创新型人才是一流大学的核心任务",并在校内外多次演讲中强调这一点。他说,现代科学越来越与国家发展、社会进步相联系,已经成为社会生产力最活跃的因素。我国医药卫生事业面临巨大机遇和挑战:我国医药产业自主创新能力不强,企业发展科技含量不高,制约我国医药产业走向国际;我国人口老龄化进程加快,各种慢性疾病高发,医疗费用在 GDP 中的比重逐年增高。在这种大背景下,我国医药科技创新可谓迫在眉睫。

一流大学如何培养创新型人才?面对台下莘莘学子渴望的目光,张礼和告诉师生们:第一,培养坚持真理、为科学毕生追求的顽强精神,他以捍卫科学的哥白尼、伽利略、布鲁诺为例,并结合自己在美国完成博莱霉素 A2 的全合成工作期间中克服的难题,从而鼓励研究生们在科研中碰到挫折,要分析问题,找出原因,不断改进。第二,学会积累知识、应用知识和创新知识。他说,知识积累有三种方式:老师教什么学生学什么,知识的积累是以加法积累;举一反三,知识的积累是以乘法积累;创造知识,知识的积累是以指数积累。因此研究生阅读文献应该学会如何收集数据,分析数据,提出自己的看法。他引用了华罗庚先生提出研究工作的几个层次为例——重复别人的工作:做习题,积累数据;别人已经提出的问题用自己的方法去解决;自己发现并提出的问题,用自己的方法去解决;开辟一个新的领域,引领别人跟踪。第三,当代科学研究要求多学科的协作,要学会尊重别人,欣赏别人和团队合作的精神。他指出国内研究生知识封闭狭窄,不应只局限于自己研究领域的一点知识,而应参与到不同领域的交叉合作中。第四,从小事做起,培养严格的科学作风和高尚的科学道德。张礼和强调,我们现在的研究生要博学,要开阔视野和知识面,做学问要有踏踏实实、实事求是的作风,不能急功近利,为了发文章而做科研。

张礼和（左二）与同事们在一起

张礼和院士将深刻严肃的"治学"态度与"人生"道理融入到生动活泼的现场报告中，每每赢得在场学生阵阵掌声的同时，也引导同学们深刻思考作为科学工作者应具备的素质，收到了良好的教育效果。同学们纷纷表示这种能与院士面对面交流治学与人生的讲座形式让他们"收获颇丰"。

张礼和院士被北医的研究生以无记名投票方式选为自己心目中的"良师益友"。

不仅是北京大学的学生受益，近年来，每年在夏季学期中，中科院研究生院通过各种方式集中邀请到国内外的院士、国家杰出青年基金获得者、长江学者、"百人计划"学者等，来为同学们主讲学科前沿系列讲座，开设高级课程，"这恐怕是目前国内能够提供的最高层次的学术大餐之一"。这些著名专家在课堂上启迪学生智慧，带领学生进入科技领域的前沿。这样的教育教学改革符合国家培养造就创新型科技人才的战略方针，也符合高层次创新人才培养的规律。

一位化学学院的学生听完张礼和院士关于"新药设计与合成"

的讲座后感慨：以前对新药设计只感觉很奇妙，对人类的帮助也很大，听完大师们的讲座后发现，新药设计中的每一步，从理论到临床，步步艰辛，新药设计是一项科学智慧与人性耐力双重结合的学科方向。

一位来自成都生物研究所的学生说：优秀的老师们不仅使我对本专业有了深入认识，更教会我们如何面对即将进入实验室的科研，如何锻炼与培养在实验室工作的品质。

积极推进教学改革

疾病的发生是致病因子对生命过程的干扰和破坏。而化学生物学的一个重要方向，则是通过化学理论和方法研究如何干扰疾病的发生和发展。根据前沿学科的发展，张礼和在国内较早地筹建了"化学生物学"学科，注重加强学生对新交叉学科的基础知识和知识面的培养，强调学生们的创新意识，并在他任国家自然科学基金委化学学部主任期间积极推动全国的化学生物学学科队伍建设和研究，在基金委设立了重大研究计划。

张礼和任药学院院长期间，根据国际上药学发展的新趋势，及时调整了药学院的学科设置，积极推行多学科的大药学教学改革，对大学本科教学课程体系实施改革，对相关教学计划进行了补充和修订，使药学学科的教学质量大为提高，走在了我国药学教育改革的前列，对我国其他药学院校学科的建设起到了示范和引领作用。

北京大学药物化学系实施了多项教学改革课题，涉及课程体系的设置、教材建设、教学手段和教学方法等多方面。张礼和院士参加的"大药学教学改革与实践"项目获得2001年国家级教学成果二等奖，北京市教学成果一等奖，北京大学教学成果一等奖，北京大学医学部教学成果奖。

不要因为改一个实验数据，而毁了自己的一生

张礼和常常告诫学生：科学家最讲究信誉，必须把信誉放在第

一位，不讲信誉的科学是"伪科学"。不要因为改一个实验数据，而毁了自己的一生，做学问、搞科研必须要老老实实，实事求是！

总结自己的一生，张礼和说，自从1958年留校任教以来，半个多世纪的时光，从不敢忘记自己的本分，每一天都在惜守着作为教师的良心。看到学生们的成长、成才，这是他最感快乐的事。

学生眼中的与心中的张礼和教授

慈祥的长者，严厉的导师，博大精深的科学家。在同事特别是与他身边的学生眼里，中国科学院院士、北京大学药学院教授张礼和院士将这三种角色完美地融合在一起。

杨振军（北京大学天然药物及仿生药物国家重点实验室教授）：

张老师原则性很强，但非常有宽容度。曾经有个学生犯了错误，如按学校规定是要开除的，张老师本着对年轻人成长负责任的态度，在处理上给了一定的宽容度，允许答辩毕业。后来这个学生到德国读了博士，发展很好。对待年轻人的成长，张老师总能站在一个高远的角度，做出负责任的考虑。在坚守他原则的情况下，尽可能地宽容待人。

张老师是出了名的严师，但生活上很关心学生。实验或科研过程中，只要发现一点不合格就必须重来。有的学生害怕张老师的严格，紧张得将试管掉在地上。但过年时，张老师会把学生召集到家里，亲自下厨准备饭菜，学生们都津津乐道于张老师的拿手菜——"佛跳墙"，这道菜准备起来费时费力，而张老师总是花很多工夫去精心准备。

周德敏（药学院副院长、北京大学天然药物及仿生药物国家重点实验室主任）：

张老师待学生严柔相济。1992年，张老师派我出国读中日联合培养博士。出国前的面试答辩会上，张老师严厉批评了我的现场表现：像你这种样子就不要出国了，到国外给我丢脸。当时我岳母也在场，事后她告诉我，听到那句话时真恨不得有个地缝钻进去。严格时严到极致，但人情味又浓到令你感动。我在日本留学期间，家人托张老师给孩子带尿布，张老师从美国到欧洲到澳大利亚，最后到日本，将近一个月的开会行程，一路带着这些尿布，那时他已经是院士了。

张老师有历史担当和战略眼光。第一，天然药物及仿生药物国家重点实验室是我国第一个药学领域国家重点实验室，也是首批国家重点实验室。当年张老师能抓住历史机遇，体现了一种历史担当。第二，张老师是我国化学生物学学科的发起人，积极推动者。在中国创立化学生物学新兴学科，第一家设置化学生物学系，展现了他站在学科制高点、锐意改革的宽广视野。第三，现在的科学研究越来越趋向于通过一个大项目，整合资源来解决一些更关键的科学问题，张老师很早就带头成立小分子探针的国家重大研究计划，这对药学及生命科学的发展作用很大。而且申报和评估时这个项目都是排名第一。他的眼光不局限于我们药学院，是着眼于整个国家战略层面。

叶新山（长江学者、北京大学天然药物及仿生药物国家重点实验室前主任）：

张老师非常勤奋。六十多岁后还是每天很早上班，周六、日也要来实验室工作一天。我记忆中很长一段时间都是一星期至少工作六天，下班很晚，有时晚上还来。在美国弗吉尼亚大学做访问学者时，已接近四十岁的他，以超强度的实验工作和非常出色的科研成绩，赢得了导师的赞叹。他的美国导师是个犹太人，犹太人是缺少人情味的，必须通过工作来征服他。张老师做到了。

张老师爱才、惜才、提携后学，培养人才很有前瞻性。我刚回国的时候，确实有很多阻力和困难，但张老师帮我做了很多细致的工作，尽可能为年轻人创造好的环境。当年，国内化学生物学还未起步，就派周德敏出国学习这一交叉学科，前瞻性地预知了学科的发展方向。他鼓励我回国继续开展糖化学研究，虽然在国内外这一领域还做得不太多，但张老师认为这是一个将来可能出现新的生长点的学科，糖化学代表了未来生命科学一个很好的发展方向。他对学科和研究方向的布局，都是非常高瞻远瞩的。

贾彦兴（北京大学天然药物及仿生药物国家重点实验室教授）：

张老师已经是知名教授和院士了，还依然关心帮助并时时引导年轻人的科学思维及方法，重视个人发展和工作的特点。比如，他倡导不要急迫地让年轻人发论文，要求踏踏实实地做好大量跟踪性的工作，这让我们能够在一个宽松又相对严谨的氛围里，真正开展自己喜欢的有意思的科研工作。

张老师总是竭力为大家创造宽松的科研环境，鼓励我们长期积累，多做些原创性的工作。他强调：多出研究结果当然好，但一定是要高质量的、原创性的。

李中军（北京大学天然药物及仿生药物国家重点实验室教授）：

在我眼里，张老师是一位永不懈怠的科学家。这么大年纪，还坚持勤勉工作，每次见到他，都是在读文献，永远保持着对学科前沿的敏锐观察和清晰判断。每次参加学术报告会都特别认真，年轻人开半天会走了，他总要从头开到尾，听得非常认真，还不停地记笔记。

张老师非常正直。无论是做学院领导，还是做药学会、基金委化学部的领导，包括当选为院士，有了很高的社会影响和学术声望，都依然时时处处严格自律。对于学术道德方面的问题，他是丝毫不留情面，绝不容忍学术腐败。他担任着学术领域各种评审职务，常有人托关系找到他的学生，希望照顾一下，但没有一个学生敢和张老师提及。因为他们知道，先生是绝对不会答应的。

76岁的老人与中国一同追梦

金龙腾飞送冬去，银蛇曼舞迎春来。天然药物及仿生药物国家重点实验室2013年"欢乐一家亲"新年联欢会上，王夔院士、张礼和院士、叶新山教授、周德敏教授四届实验室主任齐聚。平日活跃不足严肃有余的教授们好像完全变成了另一个人。张礼和院士的学生悉数登场，全然没有了往日在导师面前的紧张和胆怯，或民歌，或外语歌曲，或京剧或江南小调，一声压一声，一曲赛一曲。而在中学时代文体全能的张礼和院士尽管76岁高龄也当仁不让，他与学生二人对唱的《喀秋莎》依然中气十足，引来阵阵掌声。他与教授们合唱的《鸿雁》降下联欢会帷幕。

2013年5月30日晚，由研究生院、研究生工作部主办，药学院研究生会承办的第三场"我的中国梦——爱·责任·成长"主题教育活动，张礼和应邀为研究生做题为"我与中国一同追梦"的精彩讲座。

与夫人一起合唱（2012年）

张礼和从自己对"中国梦"的认识讲起，他说中国梦是指民族振兴，国家富强，社会更加进步和谐，环境更加美丽友好；梦是一代又一代人追求理想的过程，不是一种空想，而是一种精神，是我们要达到的一个更高的目标。他说起自己从小接受传统家庭教育，青年时期在国外学习历经艰苦，以及在以导师王序教授为代表的老一辈科学家"科学救国"理念的指引与感召下，不断追求人生梦想的经历。这些经历都在教育着同学们要体味责任、不断奋斗、热爱祖国、勇敢担当，带着这些理想信念必定会实现自己的梦想。而今天，不仅要完成自身的教学科研工作，他也依然在为不断营造和谐的工作环境和自由的学术环境而竭尽全力。

"鸿雁，向苍天，天空有多遥远？酒喝干，再斟满，今夜不醉不还。"张礼和院士在国家重点实验室迎新联欢会上与年轻人合唱的《鸿雁》，那低沉而苍劲有力的歌声打动了在场的药学人。这歌声也彰显出北京大学几代药学人的胸怀和气魄。作为国家唯一的天然药物及仿生药物国家重点实验室，76岁高龄的张礼和院士依然精神矍铄地作为北大药学人的领头雁，引领这这支创新团队振翅高飞。

（文/傅冬红、武慧媛、宋书香）